こんなところでつまずかない！

離婚事件
21のメソッド

東京弁護士会 親和全期会
編著

第一法規

はしがき

　厚生労働省の人口動態調査によると、平成27年の婚姻件数63万5,156組に対し、離婚件数は22万6,215組で、約2分20秒に1組が離婚している計算になります。婚姻も離婚も当事者にとって人生の一大事ですが、特に離婚の当事者はそれまでの経過に傷つき、将来に不安を抱えているでしょうし、また生育過程の子どもたちに与える影響は多大です。離婚の全てが法的紛争に発展するものではありませんが、弁護士が関与すべき法的紛争の類型としては上位に位置するものの1つだといえます。また、近時は、離婚案件も対象とした権利保護保険の販売が開始され、今後その普及などにより、離婚当事者からの相談などもさらに増加することが見込まれます。

　このような傾向も踏まえてか、離婚案件を「取扱分野」として挙げる弁護士は増加傾向にあるようです。しかし、特に経験年数の浅い若手弁護士の中には、人生の一大事に直面した当事者に寄り添い、向き合うことの重大性に不安をもち、漠然とした苦手意識すら感じている方も少なくないようです。そのような不安や苦手意識の根底には、当事者を支えるためにさまざまな場面で必要とされる、正確な知識と経験に対する自信がもてないことがみられることから、その解消・緩和に役立つことができないかと考えて本書を執筆することとなりました。

　親和全期会は、東京弁護士会内の会派の1つである法曹親和会の会員のうち司法修習終了後15年までの若手・中堅弁護士によって構成される団体（会員数約1,000名）です。親和全期会では、日本弁護士連合会・東京弁護士会の会務・政策について議論するほか、弁護士業務に関する研修や親睦企画などを多数開催しています。

　そして、親和全期会の活動は、それぞれが所属する法律事務所等の垣根を越えて、多くの弁護士が知り合い、情報を交換し、議論をし、悩みを相談する「場」を提供することに寄与しています。そこでは、弁護士業務のノウハウはもちろんのこと、ボス弁や事務局との接し方、人脈の

つくり方、将来への備えのための工夫など、弁護士ライフのために有益なさまざまなノウハウに関する情報が交換されています。

　そのような親和全期会の活動を通じて蓄積された弁護士ライフのノウハウの一端を、新人弁護士・若手弁護士のためにまとめ、平成27年12月、『こんなところでつまずかない！　弁護士21のルール』を刊行し、また、その姉妹本として、親和全期会の活動を通じて提供された「場」の中で情報交換された業務ノウハウのうち、交通事故案件に関するものを集め、平成28年11月、『こんなところでつまずかない！　交通事故事件21のメソッド』を刊行したところ、いずれも予想を上回る大きな反響をいただきました。

　本書は、これらと同様に、情報交換された業務ノウハウのうち、離婚案件に関するものを集めたものです。このようなコンセプトで執筆しましたので、あえて体系的な項目だてをすることなく、新人弁護士・若手弁護士が不安や苦手意識を感じやすい項目をピックアップして概説することに注力しました。また、少しでも多くの経験を追体験していただきたいとの思いから、若手・中堅弁護士のノウハウを体験談という形で掲載しました。執筆にあたっては、極力わかりやすい記述を心がけましたので、執筆箇所によっては不十分な表現や多少の脚色・誇張なども少なからず見受けられるかもしれません。その点は、本書があくまでも１つのノウハウを示すものということでご容赦いただければ幸いです。

　本書を手に取られた読者のみなさんが、離婚案件の迅速かつ適切な解決へ向けて、無用な不安を払拭し、さらなる研鑽の契機にしていただくことができれば、望外の幸せです。

　最後に、本書上梓にあたっては、第一法規株式会社編集第一部の田中信行氏、河田愛氏、草壁岳志氏に大変にお世話になりました。ここに厚く御礼を申し上げます。

平成29年１月
東京弁護士会　親和全期会
平成28年度代表幹事
弁護士　髙畠希之

こんなところでつまずかない！
離婚事件 21 のメソッド

目次 Contents

はしがき ………………………………………………………………………………… i
目次 ……………………………………………………………………………………… iii

Method 01　初回相談の聴取事項
初回相談ですべてを聴けると思うな　001

体験談1　ホントに自分だけで暮らせますか？ ……………………………… 001
体験談2　退職金、いつ支払われるんですか？ ……………………………… 005
ワンポイントアドバイス ……………………………………………………… 007

Method 02　依頼者の話
依頼者を妄信するなかれ　009

体験談1　やっぱり気が変わりました ………………………………………… 009
体験談2　私、妊娠しました …………………………………………………… 013
体験談3　実は、夫から暴力を受けているんです …………………………… 016
ワンポイントアドバイス ……………………………………………………… 018

Column　　ある弁護士の雑感（その1） …………………………………… 019

Method 03　依頼者と弁護士のマッチング
性別・若さを武器にしろ　020

体験談1　同性の方がやりやすい？ …………………………………………… 020
体験談2　先生、経験豊富ですか？ …………………………………………… 025
体験談3　相談者を叱れますか？ ……………………………………………… 027
ワンポイントアドバイス ……………………………………………………… 030

Method 04 調停条項
依頼者のこだわりを疎かにするな　031
- 体験談1　どうしても「末日限り」は嫌です　031
- 体験談2　日割でいかがですか？　033
- 体験談3　その要求、過剰だと思うのですが　035
- 体験談4　どこまで面倒を見れますか？　038
- ワンポイントアドバイス　041

Column　未登載の裁判例・審判例等の調べ方　042

Method 05 証拠の集め方
証拠集めは大胆かつ慎重に　043
- 体験談1　調査費用は高額になるかも　043
- 体験談2　いろいろなところに証拠は転がっています　046
- ワンポイントアドバイス　048

Method 06 証拠の使い方
切り札こそ切るな　049
- 体験談1　この証拠、どうやって入手したんですか？　049
- 体験談2　自ら提出する証拠にも要注意　052
- 体験談3　古い携帯電話の情報を復元して　053
- 体験談4　外国語の書証も精査を怠るな　056
- ワンポイントアドバイス　058

Column　ある弁護士の雑感（その2）　059

Method 07 書面の書き方
書かぬが勝ち　060
- 体験談1　夫婦喧嘩の再現のような準備書面　060
- 体験談2　依頼者対応でカバーする　063
- 体験談3　感情的な主張は百害あって一利なし　065
- ワンポイントアドバイス　067

| Method | 08 | 財産分与 いつまでもあると思うなそのお金 | 068 |

体験談1　昔の財産資料が見当たらない……………………………… 068
体験談2　不動産の評価って…………………………………………… 071
体験談3　財産を保全しておかないと………………………………… 074
ワンポイントアドバイス ……………………………………………… 077

Column　　待合室での会話 …………………………………………… 078

| Method | 09 | 有責配偶者 どれだけ"誠意"、示せますか？ | 081 |

体験談1　すぐに棄却しますが………………………………………… 081
体験談2　被害者意識を緩和する……………………………………… 083
ワンポイントアドバイス ……………………………………………… 086

| Method | 10 | 離婚慰謝料 依頼者に期待させるな | 087 |

体験談1　法外な慰謝料請求には訴訟がおすすめ…………………… 087
体験談2　一旦、もらえると思ったら………………………………… 090
ワンポイントアドバイス ……………………………………………… 093

Column　　ある弁護士の雑感（その３）…………………………… 094

| Method | 11 | 養育費・婚姻費用の算定表 算定表、過信するべからず | 095 |

体験談1　婚姻費用に上限額はあるのか？…………………………… 095
体験談2　収入は課税証明書に記載されたものだけではない……… 098
体験談3　年金受給者の婚姻費用はどう算定する？………………… 100
ワンポイントアドバイス ……………………………………………… 102

| Method | 12 | 面会交流 円滑な面会交流は円満な解決のモト | 103 |

体験談1　面会交流の日数の定め方…………………………………… 103
体験談2　成人した子どもとの面会交流は関係ナシ？……………… 106
ワンポイントアドバイス ……………………………………………… 109

| Column | ある弁護士の雑感（その4） ………………………………… 111 |

Method 13 | 弁護士報酬
もらえる"だけ"もらえ　112

- 体験談1　こんなに負担がかかるとは…… ………………………………… 112
- 体験談2　解決時報酬で結果オーライ ……………………………………… 114
- ワンポイントアドバイス ……………………………………………………… 117

Method 14 | 事件終了後
アフターサービスはほどほどに　118

- 体験談1　離婚事件はいつ終わる？ ………………………………………… 118
- 体験談2　離婚後の住居探し ………………………………………………… 121
- ワンポイントアドバイス ……………………………………………………… 124

Method 15 | 調停委員
調停委員も使いよう　125

- 体験談1　調停委員の心証を悪くすると …………………………………… 125
- 体験談2　調停委員の言うことはホント？ ………………………………… 128
- 体験談3　せめて当事者の想いに耳を傾けてあげて欲しい ……………… 131
- ワンポイントアドバイス ……………………………………………………… 133

Method 16 | 監護権・子の引渡し
あきらめないで、お父さん　134

- 体験談1　娘との感動の再会 ………………………………………………… 134
- 体験談2　母親優先の原則？ ………………………………………………… 137
- ワンポイントアドバイス ……………………………………………………… 140

| Column | 二次被害 ……………………………………………………… 141 |

Method 17 | 依頼者との関わり方
依頼者の話は聴ける"だけ"聴け　143

- 体験談1　お話し聴きすぎでしょうか？ …………………………………… 143
- 体験談2　話を切り上げるスキルを磨け …………………………………… 145
- 体験談3　私にしゃべらせて！ ……………………………………………… 148
- 体験談4　逆に時間を取って面談することで落ち着く …………………… 150
- ワンポイントアドバイス ……………………………………………………… 152

Method 18	別居 『別居のススメ』はホント？	154
体験談1	無職の夫と婚姻費用	154
体験談2	別居後の生活はよく考えて	156
体験談3	別居が精神的な距離も引き離す結果に	159
ワンポイントアドバイス		162

Column	ある弁護士の雑感（その5）	163

Method 19	不貞 それでもアナタはやってない？	164
体験談1	本当にそんな主張をするのですか？	164
体験談2	不貞関係にある2人の両方から依頼されたケース	167
体験談3	当事者以外の人から依頼を受ける苦労	170
ワンポイントアドバイス		172

Method 20	DV 被害者にはとことん付き合え	173
体験談1	モラハラはどこまで我慢すべき？	173
体験談2	本当はどちらに責任が？	177
体験談3	弁護士が依頼者に振り回された話	179
ワンポイントアドバイス		181

Column	調停室での弁護士の涙	183

Method 21	相手方本人 第2の依頼者だと思え	185
体験談1	相手方本人に対応する苦悩	185
体験談2	パワハラ夫との意外な解決	188
体験談3	別の意味での本人対応	190
ワンポイントアドバイス		192

編集後記	193
執筆者一覧	195

本書中の体験談は、執筆者自身の経験や他の弁護士へのインタビュー等を元に内容を再構成したものです。
各体験談冒頭のプロフィールは、必ずしも各執筆者のプロフィールと一致するものではありません。
本書は2016年11月までに公表されている内容によっています。

Method 01 | 初回相談の聴取事項

▶ 初回相談で
すべてを聴けると思うな

――離婚事件では、相談者の生活状況全般にわたって聴取すべき場合が少なくなく、聴取対象は極めて広範多岐にわたる。また、相談者にとって「話したい」、「聴いてもらいたい」ことも多いため、初回相談では往々にして長い時間を要することになる。聴取すべき事項を要領よく聴取するためには工夫が必要であるが、どんなに工夫しても失敗が尽きないところでもある。

体験談1

ホントに自分だけで暮らせますか？

弁護士7年目　女性

とにかく離婚したいんです！

「先生、もう夫とは一緒に生活できません。顔を見るのも嫌なんです。

とにかく離婚したいんです！」

　初回相談に訪れた相談者に、いろいろと離婚したい理由を聴いてみましたが、どうやら「性格の不一致」の域を出る離婚理由はなさそうです。現時点では、夫（相手方）との合意も難しそうなので、まずは別居することから始めるしかなさそうです。

　しかし、弁護士としては安易に別居を勧めるわけにはいきません。

　離婚事件の難しさは、往々にして法律問題以外のところに潜んでいます。「離婚したい」という感情をどれだけ強く持っていたとしても、気持ちだけでは離婚はできません。例えば、今まで配偶者（夫）の収入に依拠して生活してきた専業主婦の妻にとっては、自分だけの力で生活していくということは、本人の想像以上に大変な場合があります。

　「先生、家を出て別居しようと思うのですが、実家に帰ると子どもたちが転校しなければならないので、実家には帰れません。両親からも『多少のことは辛抱して夫に謝って自宅に帰りなさい』と諭されるのが目に見えています。今の自宅の近所でアパートを見つけて暮らしたいのですが、アパートの賃料は夫に払ってもらえますか」

　一見すると、何とも虫のいい要望ですが、本人はいたって真面目です。当面の対応として別居を検討するのであれば、まずは、経済的な問題、子どもの通学先の問題、生活圏の変化による影響などを検討しなければなりません。そのためには、相談者や子どもたちの生活状況、相談者の収入や貯金の有無などの経済状況など、いろいろな情報を正確に把握する必要があります。

　「とにかく離婚したい！」という気持ちだけでは、離婚後の自立した生活はもとより、その前段階である別居生活すらできないのです。

これしかもらえないんですか？

　離婚によって生じるさまざまな問題について、相談者自身がある程度理解していることが理想的です。しかし、現実には、相談者は、「離婚

したい！」という感情が勝ってしまうあまり、離婚に向かって突き進んでしまいこれから直面するであろうさまざまな問題から目を背けている、あるいは都合よく楽観視しているケースが少なくありません。

「先生、別居したものの、生活が苦しいです……」

「えっ、貯蓄も実家からの仕送りもあるから大丈夫ですって仰ってましたよね」

弁護士は、依頼者の「大丈夫」という一言を軽信してはいけません。なぜ依頼者が大丈夫だと思っているのか、その理由を聴取することを怠らないことが必要です。

「夫からは婚姻費用をもらえるんですよね。月18万円くらいもらえればなんとか（別居でも）生活していけます。婚姻費用を請求してください」

いえいえ、ちょっと待ってください。どこから月18万円という婚姻費用の額が出てきたのでしょうか。どうやら、別居して暮らしていくために必要な金額の全てを婚姻費用として支払ってもらえると思っているようです。「養育費・婚姻費用の算定表」（判例タイムズ1111号285頁以下）（以下、「算定表」という）に基づいて計算してみたところ、月11万円～12万円がいいところです。

「えっ、もらえるお金はこれだけなんですか」

もちろん初回相談では、まずは依頼者の話を、希望を受容的に聴くことが必要ではあります。一方で、依頼者にとっては厳しい現実についても、ある程度は知らせておかなければなりません。楽観的な見通しで別居などの行動を起こしたことによって、後に、依頼者がより一層いばらの道を進むことになってしまうかもしれません。

法律相談票（例）

> 体験談2

退職金、いつ支払われるんですか？

弁護士4年目　男性

熟年離婚

　「熟年離婚」という言葉がマスコミを賑わせるようになってからもう随分と経ちますが、弁護士にとって、長年連れ添った夫婦の離婚を担当することはそう珍しいことではないでしょう。

　長年連れ添った夫婦の場合、夫婦で築いた財産も大きい場合が多く、その共有財産を調査し、場合によっては財産を保全するということも弁護士にとって重要な仕事になります。特に専業主婦の期間が長い妻などにとっては、老後の人生設計において夫からの財産分与をあてにしている場合も少なくなく、どれだけ財産分与を得られるかが、まさに死活問題であって、離婚に踏み切るかどうかの重要な判断要素となってきます。

　そのため、弁護士としても、夫婦の共有財産や夫の財産状況について入念な調査が必要となります。

　夫婦の共有財産としてまず頭に浮かぶのは不動産ですが、長年連れ添った夫婦の場合には、多額に上る可能性がある退職金の存在を忘れてはいけません。そして、退職金は金銭で支払われるものであるため、夫が財産分与に非協力的な場合などは、支払われた退職金を隠されてしまうというリスクもあります。金銭は、不動産などと違って散逸しやすいため注意が必要です。例えば、夫が退職金の見込み額の開示や財産分与を拒んでいるようなケースでは、退職金の支払前に、仮差押えをかけて仮に退職金を差し押えるなどの方法をとる場合があります。

退職金、いつ支払われるんですか？

　あるとき、長年連れ添った夫婦の妻から離婚の相談を受けました。

　初回相談では、離婚を決意するに至る経緯などいろいろな事情を聴取するとともに、夫婦の共有財産についてあれこれと質問し、大まかな資産状況を把握しました。夫の退職を機にそれぞれ別の人生を歩むべく離婚を希望しているとのことであり、夫婦の共有財産としては、自宅不動産と若干の預金、そして夫の退職金が主なものということでした。

　離婚を決意したとはいえ長年連れ添った夫婦であり、離婚について一刻を争う状況ではなかったため、円満な合意の成立を目指して、まずは、じっくりと離婚調停から始めましょうということになり受任しました。

　しばらくして調停手続が始まり、着々と離婚の協議が進んでいきました。第2回調停期日だったでしょうか。調停期日において夫に資産状況の確認を求めたところ、夫は、退職金について、その存在自体も曖昧に濁し、具体的な金額や支払期日を明らかにしようとしませんでした。そうした夫の態度を訝しんだものの、その場では深く追及することはしませんでした。

　ある晩、事務所で、依頼者である妻から預かった書類等を精査していると、なんと夫の勤めていた会社の退職金の支払期日まで残り数日であることが判明しました。途端に、夫の調停期日での態度が頭に浮かびます。もし、このまま退職金が夫に支払われたら、退職金がどこかに消えてしまうかもしれません。

　直ちに仮差押えを申し立てることにしました。徹夜で申立書を起案し、急いで裁判所に申立てをし、即日裁判官の面接を入れてもらいました。無事に仮差押えの発令をしてもらい、間一髪、会社から夫への退職金の支払いを止めることができました。

お金のことを聴くのは気が引ける？

　この依頼者の初回相談では、まずは、依頼者との信頼関係を築くことを最優先に考え離婚を決意するに至った経緯などを重点的に聴取することとし、資産状況については概要把握にとどめて、詳細は後日追々と聴こうと考えていました。もっとも、正直なところ、初回相談から資産状況について根掘り葉掘り聴くと、なんだかお金のことばかり気にしている弁護士だと思われるのではないかと気が引けてしまうという側面があったことは否定できません。

　こうした考え自体は特に間違ってはいないと思いますが、少なくとも初回相談の際に夫の退職が近いと聴いていたのですから、できるだけ早期に、もっとしっかりと夫の退職日や退職金支給規定の有無、さらには退職金支払日を正確に把握するように努めるべきでした。そして、預かった資料は、なるべく早い段階で精査しておくべきでした。

　この事件では、幸いにも、預かった資料の中に夫の退職金の支払時期を示す資料があったこと、そのことに気づいた時点でまだ退職金が支払われていなかったことから、何とか事なきを得ましたが、ヒヤヒヤした事件でした。

ワンポイントアドバイス

◎　初回相談では、相談者との間で強い信頼関係を構築することが何よりも重要です。相談者に共感を示しながら、受容的に、しっかりと相談者の話を聴きましょう。

◎　相談者の話したいことばかりを話させるだけではいけません。初回相談で聴いておくべきことは漏らさず聴いておきましょう。事前に聴取すべき事項をリストアップしておくなどの工夫が必要です。

◎　聴取する事項はともすると離婚原因に関する事情に偏りがちです。

離婚原因に関する事情だけではなく、今後の生活の見通し、収支状況、財産分与の対象となる資産状況などもきちんと確認しておきましょう。これまでの出来事を聴取することを通じて当事者双方の性格なども把握しておくとよいでしょう。

◎ 初回相談でできるだけ多くの事項を聴取すべきではありますが、その時点では依頼者が忘れていた、もしくは重要と思っていなかったという理由で、大事な事項が抜け落ちてしまうことも少なくありません。初回相談で全てを把握できたと安心せず、2回目以降の打合せでも気になった点の聴取は積極的に行いましょう。

◎ 相談者は、今後の見通しについて楽観的に考えている場合が少なくありません。決して甘い見通しを述べることなく、厳しい現実についても知らせておく必要があります。

Method 02 依頼者の話

▶ 依頼者を妄信するなかれ

――離婚事件において吟味することとなる事実関係の多くは、家庭内での出来事や事情である。そのため、依頼者が主張する事実関係を裏付ける客観的な資料等が乏しく、どうしても依頼者の話に依拠せざるを得ない。では、依頼者は、常に真実を語ってくれるのだろうか。

> 体験談1

やっぱり気が変わりました

弁護士10年目　男性

離婚する気持ちに揺るぎはありません

「夫の性格が嫌で別居しました。先生、これからどうしたら離婚できますか」

性格の不一致を理由に夫婦喧嘩となり、既に2人の息子とともに別居を開始したという妻から離婚の相談を受けました。また、できる限り裁判所の手続を利用しない方法で離婚したいというご要望です。

離婚の相談に来る方はたくさんいますが、その全てが、固い離婚の意志をお持ちというわけではありません。そのため、相談に来られた方には、離婚の意志を確認するとともに、交渉に必要な心構えを説明するようにしています。
　「離婚する気持ちに揺るぎはありませんか。離婚して後悔することはありませんか」
　妻は、涙ながらに答えます。「絶対に離婚したいです。夫は仕事ばかりで私や子どもたちのことを顧みません。夫は仕事で忙しいと言いながら、十分な生活費を入れようとしないので、本当に苦しい思いをしました。私は自分の貯金を切り崩し、両親からの仕送りを生活費に充てていたのです。今となっては夫のことを思い返すだけで気分が悪くなります。二度と顔も合わせたくありませんし、話もしたくありません。ですから、離婚して後悔することは絶対にありません」
　なるほど。離婚の意志は固そうです。「……わかりました。私が受任すれば、夫との交渉の窓口は私になりますので、もうあなたが夫に連絡をする必要はありません。夫からの連絡に応じる必要もありません。もし夫から連絡があったらすぐに教えてください」
　「安心しました。もう夫と連絡を取らなくていいんですね」
　妻は、終始夫に対する不快感を露わにしており、離婚の意志はとても固いように見えました。
　「ところで、夫はあなたの現在の住居を知っていますか」
　「いいえ。夫に押しかけられると怖いので、夫には教えていません」
　こうして、私は、夫に対し「私が妻の代理人弁護士に就任したので、今後妻に対する連絡は差し控えるように」という旨を記載した内容証明を発信し、交渉を開始しました。

私から連絡などしていません

　しかし、交渉開始後間もなくして、夫と妻が直接連絡を取っているこ

とがわかりました。私は、夫に対し、私が窓口となっているから妻に直接連絡することは差し控えるよう重ねて連絡しました。すると、どうしたことでしょうか。夫からは「むしろ妻から何度も連絡がある。それに、妻は仲直りを望んでいる様子であり、弁護士が介入するような問題ではない」との返答でした。

夫が、あまりにも自信を持って反論することを不審に思って、妻に確認の連絡を入れました。

「夫は、あなたが何度も連絡をして、仲直りを求めていると話しています」

「先生、それは夫の嘘です。私から夫に連絡することはありましたが、夫から何度も連絡があるので、たまりかねて返信しただけです。私が進んで夫に連絡することなどありません」

「わかりました。夫からの連絡には応答せず、どんな連絡があったかを教えてくださいね」

「はい、わかりました」

私は、妻の話を前提に、再度、夫に対して妻に連絡しないよう申し入れました。

ところが、それから間もなく、妻から「依頼を撤回したい」という連絡がありました。詳しく事情を聴くと、妻は、夫に別居先の住所を教えて招き入れたうえ、仲直りをしたというではありませんか。どうやら、私に依頼して間もなく、夫と連絡できなくなったことから寂しくなってしまい、夫と仲直りをするために連絡を取り合っていたというのです。さらには、夫が生活費を入れなかったという妻の話はウソで、夫婦喧嘩の原因も、夫ではなく妻にあることもわかりました。

一難去ってまた一難？

妻の離婚の意思がなくなった以上、私への依頼も終了となります。なんだか妻の気持ちの移ろいに振り回されたような感じでしたが、やむを

得ません。夫婦が元の鞘に収まって、一件落着かと思いました。

　ところが、問題は、その直後に起きたのです。夫から、私に猛然と抗議が入ったのです。

「妻から全て聞いた。お前が妻を誘惑して、俺と離婚するよう迫ったんだな。お前を赦さない」

　どうやら、妻は、夫と仲直りをするために、弁護士である私を悪者に仕立てたようです。しかも、ご丁寧なことに、私との間のメールを見事なまでに恣意的に選んで夫に開示し、「弁護士が無理やり離婚を迫った」というストーリーを創作していたのです。

　さすがに我が身の危険を感じました。

「弁護士が無理やり離婚を迫った」というストーリーが虚偽であることは、私との間のメールの履歴などを恣意的に抜粋したりせずにきちんと確認してもらえれば容易に理解してもらえることは間違いありません。とはいえ、妻は元依頼者です。裏切られたとはいえ、安易にメールの履歴をそのまま開示することには躊躇を覚えます。

　妻の嘘をどのように理解してもらえばよいのか、途方に暮れてしまいました。

　結果として、事実と異なる点を冷静に説明することで、何とか誤解を解くことができましたが、冷や汗をかいた事件でした。

> 体験談２

私、妊娠しました

弁護士8年目　女性

夫の浮気を理由に慰謝料を

　依頼者から、まだ結婚してから２年弱程度にもかかわらず、夫から日々暴言を吐かれたうえ、生活費もろくに渡してもらえず、おまけに浮気を繰り返すので別れたいとの相談を受けました。

　依頼者の離婚の意思が固かったので、離婚調停を申し立てることにしました。また、依頼者は、夫の浮気を理由に慰謝料を請求したいと強く希望しました。私は、依頼者は、専業主婦でしたので、別れた後に少しでも多くの生活費が必要だろうと思い、できるだけ多く慰謝料をもらえるようにしてあげようと考えました。

　私は、依頼者から婚姻生活などを聴き取り、離婚の原因として夫の暴言や不貞行為を挙げて離婚調停を申し立てました。離婚調停になると夫は離婚には応じたくないと言い出し、調停はなかなか前に進みません。

　そのうち、夫が離婚に応じたくないと言っているのは慰謝料の額に不満があることがわかってきました。こちらとしては依頼者の離婚後の当面の生活費のこともあるので少しでも多く慰謝料を取りたかったこともあり、離婚成立までは婚姻費用を支払い続けてもらいなんとか凌いで、夫が婚姻費用を払い続けるよりは、多少高額な慰謝料を払ってでも離婚に応じる方がましだと思うようになるのを待つつもりでした。

子どもの父親は？

　調停期日が２、３回ほど続いた後、依頼者から「先生、私、妊娠しました」と打ち明けられました。私は、子どもができたのなら、子どものためにも離婚は考え直した方がいいのではないかと思いました。
　しかし、よくよく聴いてみると、どうやらお腹の子どもの父親は、夫ではなく別の男性だとのことです。その男性との関係は、夫の不貞行為を知る前から続いているようで、夫と別れてその男性と一緒になりたいと思っているうちに夫の不貞行為を知ったので、離婚の理由にしたうえでついでに慰謝料も取りたいと考えたようでした。
　この話を聞いて、私は、これ以上調停が長引けば妊娠していることが発覚してしまい、こちらは慰謝料をもらうどころか、夫から慰謝料を請求されることになってしまうと焦りました。また、お腹の子どもと実父との間の親子関係も面倒なことになると思い、頭がクラクラしてきました。
　相談の初期の段階で、別の男性とつき合っていることを話してくれていれば、離婚が成立するまで大人しくしているようにと釘を刺すこともできたかもしれませんが、今となっては後の祭りです。
　とにかく早期に、お腹が目立ってくる前に離婚を成立させなければと思い、依頼者には離婚を早く進めないと逆にこちらが慰謝料を請求されることになると話しました。しかし、いきなり慰謝料の請求を引っ込めると、何かあるのではないかと勘ぐられる可能性があったので、慰謝料請求は取り下げず、慰謝料を多少下げるので早急に離婚に応じてほしいと主張することにしました。
　夫は、もともと慰謝料の額に不満があったため離婚になかなか応じてくれなかっただけでしたので、こちらの申出に飛びついてきました。ほどなくして無事に調停離婚が成立。私は、とりあえず妊娠が発覚しないうちに離婚を成立させることができてホッとしました。

前夫に親子関係不存在の申立て？

　離婚問題については、希望額には足りないまでも慰謝料も支払ってもらって解決することができましたので、あとは子どもとの親子関係をどうするかです。さすがにこれについては私が受任するわけにはいかず、子どもが生まれるのを待って別の弁護士を紹介し、相談に行くようにアドバイスしました。

　婚姻中の懐胎ですから、前夫との間に嫡出推定が及んでしまい、単に実父が任意認知しただけでは、役所は実父を父とする出生届を受け付けてくれません。母親の側から嫡出推定を否定するには親子関係不存在の申立てをしなければならないのではないか、そうすると前夫に対する申立てが必要になってしまうのではないか、と気を揉みました。

　結果的には、別の弁護士がDNA鑑定の結果を添えて親子関係不存在の申立てを行ったところ、家庭裁判所から、DNA鑑定の結果もあるのであれば前夫との間の親子関係不存在の申立てではなく、実父からの強制認知請求でよいのではないかとの指導を受けたとのことで、前夫に家庭裁判所への出頭を求めることなく、無事に、実父との親子関係が認められたようです。

　依頼者は、ある程度のお金を前夫からもらって離婚し、新しい夫との間に子どもも生まれてとても幸せそうでした。女性は本当にたくましいなぁと思いつつ、依頼者は、なかなか最初から本当のことを話してくれないものだなとつくづく感じた事件でした。

> 体験談3

実は、夫から暴力を受けているんです

弁護士4年目　女性

　相談者の話を相談者の立場に立って受容的に聴くことは大事ですが、相談者の話を軽信するわけにはいきません。相談者は、しばしば事実を誇張したり、自分に都合のよいように話したりすることがあります。

夫も離婚には同意しているんです

「夫も離婚には同意しているんです」
「そうですか。そうすると、問題は離婚の条件面ですね」
　離婚事件とはいえ、離婚自体の合意ができているのであれば、ある程度気が楽です。夫が、条件面についても理性的に判断してもらえるようであれば、交渉はスムーズに進むことでしょう。
　夫との初回の協議の場。初回協議の緊張はあるものの、多少気楽に構えて臨みました。
「離婚されることについては双方異論がないと伺っています。今日は、離婚の条件面について具体的なお話をさせていただければと思います」
　ところが、夫の返答は、「私が離婚に同意しているって仰いましたか？　誰がそんなこと言ったんですか」
　この一言でいきなり私が置かれた状況が一変しました。離婚自体については合意済みと思っていましたので、まだ離婚理由についてそれほど深く事情を把握していません。冷や汗をかきながらも初回の協議を終え、もう一度、一から事情聴取のやり直しです。

夫から暴力を受けているんです

別の相談者の件です。

「……なるほど。考え方の違いというか、性格の不一致といった様子ですね。そういう理由だと、夫が離婚に同意していない中で、裁判で一方的に離婚を認めてもらうことは難しいので、まずは調停申立てをするなどして、夫と粘り強く交渉していく必要があります」

「先生、お話するのを躊躇していたのですが、実は夫から暴力を受けているんです。今すぐにはお見せできませんが、身体に痣があります。このような事情であれば、夫が離婚に同意しなくても裁判で離婚できますか」

「え、それは本当ですか。ドメスティックバイオレンス（以下「DV」といいます）ですね。病院には行きましたか。警察に相談したことはありますか」

「病院には行っていませんし、警察に相談したこともありません」

「そうですか……（なんでだろう？）。とにかく、もう少し詳しくお話ししていただけますか」

離婚原因が性格の不一致となれば、協議離婚の道しかないかと思っていましたが、DV事案となれば話は別です。結果として協議離婚をするにしても離婚を求める強い理由がでてきました。

詳しく話を聴いてみると、性生活に際して夫から暴力を振るわれているようでした。相談の最初から話していただけなかった理由も察することができました。きっと言い出しにくかったのでしょう。

しかし、さらに詳しく話を聴いてみると、私が想像したものと少し事情が違うようです。依頼者夫婦は、性生活において日常的にSMプレイに興じているようでした。時に、夫の度が過ぎて、妻があらかじめ受容している限度を超えて痛みを覚えることがあるようですが、そもそもが夫婦双方の合意のうえでのSMプレイであったようです。SMプレイのための施設にも通っていたようでした。

依頼者の話を聞けば聞くほど「妻が夫にアブノーマルプレイを強要さ

れていた」とは言えないものでした。

　結局、私は、協議離婚を目指して、夫との間で離婚交渉を行うこととし、協議にあたっては夫の暴力行為を理由に挙げることはしませんでした。

　相談者は、自分に都合のよいように話をすることがあります。暴力を受けていたといえば、離婚が認められやすくなると思った結果、つい話を膨らませてしまったのでしょう。

　弁護士としては、相談者の話を妄信するのではなく、きちんと細かな事実関係を確認しながら真偽を判断していくことが必要なのでしょう。相談者の話を軽信して、言われたままの事実関係を受任通知その他の相手方への通知文に記載してしまうことは、とても危険だと感じさせられました。

ワンポイントアドバイス

◎　相談者に寄り添い、相談者の立場に立って、親身に話を聴くことは不可欠です。相談者の話を信じ、相談者の言い分に共感を示さなければ信頼関係も生まれないことでしょう。

◎　しかし、離婚事件の事実関係はその多くが家庭内での出来事です。本来、他人に知られることのないはずの事実関係であり、相談者にとってはありのままに話すことに躊躇を覚え、意図的か無意識かを問わず、多少の誇張や歪曲が混ざることはむしろ当たり前のことです。

◎　弁護士としては、依頼者の話には多少の誇張や事実の歪曲が含まれている可能性があるものとして聴取する必要があります。

◎　相談者が虚偽の事実を述べることもありますが、強く責めたりすることは控えましょう。夫婦関係の悪化による強いストレスを感じている中で、弁護士に味方になってほしくて虚偽の事実を述べてしまうこともあることを理解しましょう。

□ ある弁護士の雑感（その１）

　言うまでもなく、離婚は人生の一大事です。弁護士としては、対応の一つ一つが依頼者の一生を左右するということをまずは肝に銘じなければなりません。

　しかし、裁判所の離婚事件に関する一連の判断は極めて画一的であり、その判断においては証拠の有無が決定的です。人生の一大事に直面している依頼者の、出会いから別れを決意するまでの積年の悲喜こもごもの思い、子に対する愛情の深さ、現実的な生活の問題等々のほとんどは空を切り、裁判所には届きません。仮に届いても結論を左右しません。依頼者の切実な思いを目の当たりにしている弁護士には、時に裁判官の保身かとうがってしまうこともあります。

　一方で、依頼者から発せられる負の感情のエネルギーはすさまじく、全てを受け止めることは不可能です。離婚をしたい理由は得てして、夫側は「掃除をしない、料理がまずい、朝起きてこない」などであり、妻側は「付き合い酒で帰宅が遅い、子どもの面倒をみない、すぐに怒鳴る」など、ほとんど共通しているうえ、自分のことのようで、いささか辟易します。なぜ自分で選んだ配偶者をそこまで悪しざまに言えるのか、男女とは本質的に相容れない、別の生き物なのだろうと感じざるを得ません。

　このような、裁判所に行っても、相談・依頼を受けても感じるジレンマ。精神的に削られ、時間もかかる、費用もそこまで見合わない。もう離婚事件なんて受けたくない……とは全く思いません。むしろ大歓迎です。離婚事件ほど、弁護士としての素質・能力、バランス感覚、そして全人格的な人間力が試され、やりがいと責任感を感じられる事件はないのです。

　思いを新たに、今日も受任通知の起案に取り掛かります。

Method 03 | 依頼者と弁護士のマッチング

▶ **性別・若さを武器にしろ**

――離婚事件において、女性相談者は女性弁護士を、男性相談者は男性弁護士を希望することが多い。また、婚姻経験のない弁護士や子どものいない弁護士への相談を躊躇する相談者もいるようだ。果たして、相談者と弁護士は、同性の組合せが適切なのか、婚姻経験のない弁護士や子どものいない弁護士には離婚事件は務まらないのだろうか。

体験談1

同性の方がやりやすい？

弁護士5年目　女性

同性の方がやりやすい？

　私は、離婚事件について、同性である妻からの相談が多く、夫の相談はあまり受けたことがありません。特にそのような希望をしているわけではないのですが……。
　妻からの相談、夫からの相談の両方とも受けてみて、依頼者からする

と、同性の方が話しやすいという雰囲気であったように思います。殊に夫婦の性生活や自身の不貞行為に関することについては、そういった雰囲気が顕著であるように思います。

女性の相談者の場合には、例えば「夫のことはもう男としてみることができないんです。性生活も何年もないし、想像しただけでぞっとする」というように、こちらからあえて聴かなくても夫婦の性生活のことなどもあっけらかんと話してくれます。

しかし、男性の相談者の場合には、こちらから「最近の、奥さんとの関係はどうでしたか」、「なぜ、浮気したのですか」などと聴いても「若い女性の先生にはお話ししにくいのですが……」と言いにくそうにされることがあります。

私自身も、同性の相談者の方が悩みに共感できることも多く、依頼者の気持ちにより添うという点では、同性の方がやりやすいようにも思います。

しかし、私の年齢や性格による問題という側面もあるかもしれませんが、女性の相談者に対し、「そういったことはよくない」などと諭すような発言をすべきときは多少のやりにくさを感じることがあります。

ある女性の相談者で、相談者本人は離婚を希望し、夫のDVを強く主張するものの、詳しく話を聴くと、妻も言葉や態度で相当強く夫にあたっていることがわかり、どちらかに特段の非があるとはいえそうにありませんでした。また、夫は子どもに対しては愛情深く接しているということがわかってきました。しかし、妻である相談者は、「今すぐ離婚したい！二度と会いたくないし、子どもにも二度と会わせたくない！そして、慰謝料と養育費はもっと支払ってほしい」など、ちょっと過度と思われる要求を一切曲げようとしないのです。確かに、夫への愛情のメーターがゼロを通り越してマイナスに振り切れるという感覚も理解できるので、嫌悪の対象となった相手に大切な子どもを会わせたくないという気持ちはわかります。また、金銭的な不安があることもわかります。そしてなにより、離婚というストレスを抱えた中で、弁護士である私に対して「同じ女性としてわかってほしい。共感してほしい」と感じている

気持ちがよくわかる（なかには、共感してほしい旨をはっきりと述べる相談者もいます）だけに、相談者を諫めたり、諭すような発言をすることについて、私の方で躊躇してしまう面があるのかもしれません。

また、男性の相談者の場合には、同じ女性の立場から妻側の思考を推測しやすいので、妻の思考・発想を踏まえたアドバイスをしやすいということもありました。

ある男性の相談者から「妻が実家に帰ったきり戻ってこないし連絡も一切取れず、義母を通じて離婚したいと言われた」などと相談を受けたときのことです。私は、男性の相談者から事情を聴取する中で、妻と同じ女性の立場から、妻の気持ちが変わる見込みがあるのか、どう対応すべきかなど妻の思考をある程度推測することができました。こうした妻の思考・発想を踏まえて、男性の相談者にアドバイスすることができたのは、私が相談者にとって異性であり、相手方と同性である女性だったからでしょう。

結婚している方がやりやすい？

私は、結婚後すぐに弁護士登録をしたのですが、離婚の相談は比較的早く受けました。

「何度も注意をしてきたけれど、お風呂の床にいつも泡が残っていることがもう我慢できないから離婚したい」というものから、「ほとんど生活費をくれないし、何年も別居して浮気をされていて、ついに離婚を切り出されたけれども、離婚すると生活ができないから絶対に離婚には応じたくない」というものまでさまざまな相談がありました。

当時の私は新婚ホヤホヤ、幸せ絶頂期にあるうえに社会経験もほとんどない状況でしたので、相談者がなぜそんなことで離婚したいと思うのか、あるいは、そこまでのことがあってなぜ離婚しようと思わないのか、相談者の気持ちがわからないこともありました。

しかし、私たち夫婦もやはり元は他人同士。一緒に暮らして新婚気分

も抜けてくると、私自身も、夫のちょっとした癖や生活リズムの違い、考え方の違いが気になり始めました。ささいな不平不満でも積もり積もると爆発する、そんなことも身をもって体験するようになりました。また、住居費や食費等、生活するために必須の費用でも思った以上にかかることがわかり、自分の稼ぎだけで全てカバーしなければならないとなると、病気や怪我をしたときなどに、不安があるということも実感するようになりました。

そういう意味では、結婚してしばらく経ってからの方が、見るべきポイントがわかってきたように思います。相談を受けたときに、その夫婦の気持ちが回復する見通しはあるのか、離婚したときの金銭面の問題は解決できるかなどを検討し、離婚を後押しすべきか、思い止まらせるべきか、まずは別居して様子をみることを勧めるべきかなどの判断はしやすくなったように思います。

子どもがいる方がやりやすい？

私は、弁護士登録から間もなくして妊娠・出産したのですが、妊娠中は、弁護士業務を行うにあたって、いろいろと気を遣いました。妊娠によって仕事に支障が出ないように気遣ったことはもちろんですが、それ以上に、妊娠していることで相談者に不快感を与えないかどうかを気に掛けていました。

しかし、私の場合には幸い、妊娠していることを伝えても嫌な顔をする相談者は一人もおらず、むしろ同じ親の立場から喜んでくださる方がほとんどでした。

また、私としても、子に対する想いを実感し、家族のあり方を考えるよい機会となり、相談者が夫婦として今後どうあるべきかだけでなく、父と子、母と子としてどうあるべきかという違った視点から考えたりアドバイスをすることができるようになりました。

一方で、子どもに関する説明やアドバイスをするときに辛くなること

もあります。以前、ある男性の相談者から「協力者もなしに働きながら母子家庭で育てられるのか心配だ。自分には両親や兄弟の協力が見込めるので、親権を得て子どもと一緒に住みたい」、「自分の方がお金もあるし、子どもにとっても幸せだと思う」と親権を得ることを強く求められたことがありました。これに対し、私が、子どもが幼い場合、一般的には母親に問題がなければ母親が親権を得ることが多いこと、金銭的なことに関しては、養育費を支払えば解決できるので経済的優位性を理由に父親が親権を得ることは難しいことを説明すると、男性の相談者は「自分の子であることに変わりはないのに、母親ばかり優先されるのですね」と言って悲しさとも怒りともとれる複雑な表情をしていました。私自身も、子どもに対する愛情に男女差がないことは自分の夫を通じて実感しているので、父親だからという理由で親権を諦める方向で話を進めることには自分の非力さを思い知らされる辛さがありました。

相談者の立場に立って気持ちを聴くことが重要

　私にとっては、結婚・妊娠・出産・育児等の経験が、離婚事件の相談を受けるにあたって、相談者や相手方の気持ちを理解することに役に立ったことは間違いありません。
　しかし、弁護士として、同性でなければやりにくいとか結婚や妊娠・出産・育児等の経験がなければやりにくいということはないと思います。そもそも、私には離婚経験はないので、離婚を決意して離婚に踏み切る夫や妻の気持ちを自分の体験に置き換えて理解することはできませんが、離婚事件を扱うにあたって、相談者の気持ちを自分の経験に置き換えて理解することが必須ではありませんし、それができないからといって離婚案件がやりにくいということもありません。
　基本的なことですが、話をよく聴き、相談者の立場に立って気持ちを考えることができれば、離婚案件に対応するうえではそれほど支障がないと思います。

体験談2

先生、経験豊富ですか？

弁護士7年目　男性

先生、おいくつですか？

　私は、若手弁護士であることを理由に、依頼者から「この弁護士、大丈夫かな……」という目で見られた経験があります。確かに、離婚は、依頼者の一生を左右する事件ですから、依頼者が「ベテランの経験豊富な弁護士に依頼したい」という気持ちになることも理解できるところです。

　私が弁護士3年目で30歳だった頃の話です。事務所のボス弁の知人の紹介で、35歳前後の男性が法律相談にいらっしゃり、ボス弁と一緒に相談に入りました。相談者の男性は、専業主婦の妻、小学校1年生の子どもとの3人家族でしたが、妻の不貞が原因で離婚調停の申立代理をお願いしたいという申出でした。相談者は、離婚することと、子どもの親権ないし監護権を得ることを希望しており、相談内容を踏まえると、妻の不貞の有無と監護権者の適格性判断が争点となる事案でした。

　相談者は、相談中終始、ボス弁の目だけを見ながら受け答えを行っており、私の方に目を向けることはほとんどありませんでした。相談を終えて、正式に受任することとなり、ボス弁が依頼者に「私（※ボス弁）とA弁護士（※私）の共同で担当します。細かい事務連絡などは、A弁護士が行います」と説明しました。

　すると、依頼者は、私の方を見て「A弁護士さんはおいくつですか？　お子さんはいますか？」という質問をしてきました。

　私が正直に「30歳です。子どもはいません」と答えたところ、「まだお若いですね。弁護士になって何年目ですか？　これまで何件くらい離

婚事件の経験がおありですか？　夫に監護権を獲得させた経験はおありですか？」といった、弁護士としての経験値に関する質問を、いくつも投げかけてきました。

依頼者には、私が依頼者よりも若く、弁護士経験も浅いため、頼りなく見えたのでしょう。

その後、期日の日程調整のために依頼者と話していても、「A弁護士だけですか？　ボス弁も出頭されるのですよね？」などの質問をされます。ああ、やはり私一人では頼りないと思っているのだろうなと感じました。

次も何かあれば先生に頼みたい

その後、期日を重ねるごとに、争点に対する当事者間の主張が複雑化していきました。あわせて、依頼者の事件対応に対する要求水準もあがっていきました。

離婚事件の場合、通常の民事事件に比べて、概して依頼者の熱の入り方が強いように思われますが、この依頼者は、特に要求水準が高く、性格も細かいことを気にされる方でした。調停期日の前日に相手方から準備書面が提出されると、同日中に反論書面を提出するように依頼者から要望が出ることもありました。期日直前になると、深夜に不安になった依頼者から至急の回答を求める質問メールなどが届くことも多く、大変な労力を費やしました。

私は、このような依頼者の細かな要望を全て受け入れて事件対応を進めていきました。この頃には、ボス弁の信頼も得て、ボス弁の個別のチェックなくして主張書面を提出するなど、事件対応を全面的に任されるようになっていました。

そうすると、依頼者との会話の中で、徐々に、依頼者が私に信頼を寄せてくれるようになってくるのが伝わってきました。

結果的に本件は依頼者が満足できる内容の和解で終結しましたが、最

後に依頼者からは、「本当にＡ弁護士にはよくしてもらいました。次も何かあればＡ弁護士に頼みたい」というお言葉をいただきました。

　若手弁護士という理由で依頼者から頼りなく見られている場合であっても、結局、依頼者の信頼を最終的に勝ち取れるかどうかは、年齢や経験年数という形式的なものではなく、仕事内容そのものなのだということを身もって感じました。裏を返せば、どんなに年齢や経験年数を重ねている弁護士であっても、仕事内容が空っぽであれば、依頼者の信頼は勝ち取ることはできないということだと思います。

　若手弁護士だと軽く見られている場合にこそ、依頼者の信頼を勝ち取るべく自らを奮い立たせて事件対応を行う必要があると思います。

> 体験談3

相談者を叱れますか？

弁護士5年目　男性

弁護士のパーソナリティ

　弁護士にはいろいろなタイプの方がいます。

　依頼者の話を親身に聴いてとにかく依頼者の希望を基本に法的構成を考える弁護士もいれば、弁護士自身があるべき筋道や意見を確立していて、そういった筋道や意見を依頼者に説いて理解や納得を求めていく弁護士など……。

　しかし、当然ながら、弁護士だけでなく依頼者にも多種多様なパーソナリティがあるので、時にはかみ合わなくてうまくいかないこともあるようです。

　私が以前に勤務していた法律事務所のボス弁は、高齢なこともあって

か、依頼者に対しても、自分の考え方を示して譲らないという傾向がある方でした。

　もちろん、依頼者の中には、そのようにバシッと意見を言ってくれるボス弁を「頼れる弁護士」と感じて、ボス弁を慕う方も相応にいらっしゃいましたが、ボス弁のそうした性格が災いする場合もありました。

もう結構です！

　ある女性から相談を受けたときのことです。相談者は、夫に自己の不貞が発覚してしまい、離婚と損害賠償請求、さらには子どもの親権も求められているということでした。

　相談者は、外資系の金融機関に勤務しており、ある程度のポストにあるバリバリのキャリアウーマンでした。夫婦には、未成年の子どもがいましたが、ベビーシッターを雇ってフルタイムで共働きだということでした。そのような中で相談者が会社の同僚と不倫をしてしまい、不貞の証拠となるメール等が発覚していたため、夫に対し、不貞の存在を認めている状態ということです。

　相談が始まると、ボス弁は、最初こそじっと相談者の話を聞いていたのですが、相談者が「子どもの親権を確保したい。頼んでいるベビーシッターは私が契約しているので、私が親権を得られれば、引き続き同じベビーシッターに任せることができる」と主張すると、堪りかねた様子のボス弁が「どう考えてもあなたが不貞をしたことが一番悪い。親権を得たいなんて虫のいい話がありますか？　ベビーシッターに任せて仕事をするから大丈夫と言うけれど、子どもの立場で考えると、ベビーシッターに預けている間に不貞をする母親のもとで暮らしたいと思うと思いますか？」と厳しく叱りました。

　おそらく、ボス弁としては、その相談者に対して、まずは自身の行った不貞を反省してほしいという気持ちがあり、親権についても自分がほしいかどうかではなく、子どもの立場に立って、子どもの成長のために

どちらが適任かを考えてほしいという思いがあったことと思います。しかし、元々のボス弁の性格や弁護士としてのスタイルもあってか、厳しい口調で相談者に対する説教のようになってしまいました。

　相談者は、突然、ボス弁から叱責されたことに、驚くとともに、大層プライドを傷つけられたようでした。当初は不機嫌な顔をしつつもボス弁の話をじっと聞いていましたが、その後すぐに、ボス弁の話を遮るように、「じゃあ無理ということですね！　もう結構です！」と言って話を打ち切り、相談が終了してしまいました。

　ボス弁は、女性が事務所を出た後に、「駄目なことは誰かがちゃんと言っておかないと駄目だ。それで事件が受任に至らなくても仕方がない」と言っていました。

　ボス弁の言わんとする趣旨は理解できますが、高齢の弁護士だからこそできることかなと感じるとともに、私だったらどのように対応するだろうか、と考えさせられた出来事でした。

「合う」弁護士・「合わない」弁護士

　私は、相談者によって硬軟織り交ぜた対応をするタイプかと思います。そのため、先ほどの相談事例のような場合には、親権を得ることは難しいことを十分に説明しつつも、そのことを理解していただければ事件を受任して調停や訴訟で親権を争うことになると思います。ボス弁のように相談者の不貞行為を叱ったり、親権を希望することを身勝手だと叱責したりすることはないだろうと思います。

　しかし、弁護士にとっては、ボス弁のように、自分の中に一定の確固たる価値基準を持って、その基準に適しない場合にはきっちりと「駄目だ」と言うことも必要なことなのかもしれません。私自身も刑事事件であれば、そういった価値基準を持ち合わせていると思います。私も、経験を積むうちに、離婚事件についてもそういった価値基準を形成していくことになるのでしょうか。

依頼者にとって自分に「合う」弁護士・「合わない」弁護士がいることと思いますが、表面上の「合う」・「合わない」と依頼者のためになるかどうかは必ずしも一致しないように思います。

　私も、多くの依頼者に、自分に「合う」弁護士だと感じてもらうとともに、真に依頼者のためになるアドバイスができる弁護士になるべく研鑽を積んでいきたいと思います。

ワンポイントアドバイス

◎　男女の別、婚姻経験や子どもの有無によって、若干のやりやすさやり難さはあるかもしれませんが、弁護士にとっては決定的なことではありません。しかし、相談者が話しやすいと感じられるように工夫する必要があるでしょう。

◎　若手弁護士にとって、依頼者が弁護士の実務経験の有無を見定めようとする姿勢は辛いところです。しかし、実務経験を誤魔化すことはできませんので、誠実に精力的に職務を遂行することで依頼者の信頼を得るように努めましょう。

◎　弁護士が自己の価値観を示すことについては賛否両論がありそうです。実務経験を積む中で、自分の弁護士としてのポリシーを構築していけばよいでしょう。

Method 04 | 調停条項

▶ 依頼者のこだわりを疎かにするな

――調停条件の設定・調停条項の作成は、弁護士にとって、まさに本領発揮の場面である。逆に言えば、調停条件・調停条項を上手につくることができなければ弁護士の名折れというべきである。

　一方で、調停条件について依頼者の了解が得られたら、調停条項は弁護士にお任せでよいかというと、必ずしもそうでもない。調停条項についても、きちんと依頼者の了解を得ておかなければ思わぬところで足元をすくわれかねない。

体験談1

どうしても「末日限り」は嫌です

弁護士4年目　女性

ようやく調停条件に合意

　婚姻費用分担請求調停であれば、それほど長くはかからないはず……と思っていたのですが、特別出費の額がまとまらないなどいろいろな理

由があり、いつのまにか1年が過ぎてしまいました。調停委員も、もういい加減に決めないといけないと言って焦り始め、相手方が折れる形で、なんとか特別出費の額が決まりました。

調停委員とも相手方とも「次回にやっと成立ですね」と言って迎えた調停期日。

ところが、依頼者が調停条項案に目を通した後、突然、婚姻費用の支払期限の「末日限り」の文言が気に入らない、「25日に」でないと嫌だといって、このままなら調停成立を拒否すると言い出したのです。

私は、驚き焦って、その場で依頼者に説明を試みたものの、依頼者は「嫌です」の一点張り。相手方に変更を要望するも断られ、私は頭を抱えました。相手方には、かなり遠方から出頭してもらっていたにもかかわらず、「末日限り」の一文言で、もう1期日、設けてもらうはめに。調停期日間に依頼者に説明を重ねて説得することにより、最終的には何とか「末日限り」で納得してもらえたのですが、相手方には申し訳ないことをしてしまいました。

調停条項案は事前に依頼者に送付していたものの、その時はおそらく、特別出費の額だけに気を取られて、依頼者もあまり細部まで見ていなかったのかもしれません。

しかし、依頼者にとっては、これまでのさまざまな経緯を踏まえて最後の解決として取りまとめる調停条項ですから、第三者である弁護士から見れば些細なことでも、特別な思い入れやこだわりがあってもおかしくはありません。

それ以来、依頼者に調停条項案を確認していただく際には、全文をきちんと読み上げて、全ての文言に至るまで確認してもらうようにしています。

> 体験談2

日割でいかがですか？

弁護士6年目　男性

調停条項の作成は任せてください

　調停事件では、弁護士である代理人間で、期日外に調停条項を調整したり、詰めたりすることも珍しくありません。調停委員が調停条項を提案することもありますが、調停委員は法律の専門家ではない場合も多いですし、実際に履行することになる当事者の立場で検討することは不可欠です。そのため、調停条項を詰める段階では「ここは任せろ」とばかりに弁護士の鼻息が荒くなることもしばしばです。

　しかし、双方に弁護士代理人が付いている場合には、代理人間の激しい交渉の場となったりします。特に、調停条項の調整にあたって、支払時期や期間が絡むと、当事者が受け取ったり、支払ったりする金銭の額の多寡に直接関わるため、協議の熾烈さも増すというものです。

　例えば、離婚の日は、調停成立日とすることが多いため、多くの場合、離婚の日は月末月初ではない月の途中の日になることがほとんどです。そこで、月の途中で離婚が成立した場合、離婚が成立した月は婚姻費用の額を払うのか、養育費を払うのか、あるいは日割にするのかで争いになることがあります。婚姻費用と養育費では金額が異なることが多く、婚姻費用の方が高額な場合が一般的ですので、支払額の多寡に影響が生じることになるのです。

数万円の差をめぐる攻防

　ある事件でのことです。
　婚姻費用や養育費を支払う側である夫の代理人であった私は、離婚が成立する月の支払額は養育費の額とすることを主張していました。しかし、相手方代理人は婚姻費用の額にすべきだと言って譲りません。お互いわずか数万円の差をめぐって一歩も引かずに交渉が続き、ついには、この点だけがまとまらないままに最後の調停期日当日を迎えました。
　調停条件の全体を勘案すれば、夫にとってまずまず悪くない条件でしたので、なんとか本日の調停期日で調停をまとめたい、しかし、相手方の言い分をのんでこのまま引き下がることにも抵抗感がある、そんな状況でした。
　そこで、困ったときは間をとるという交渉の鉄則に従い、私から「婚姻費用と養育費を日割にしませんか」との提案を行いました。幸いにも、相手方もこちらの提案を了承してくれましたが、今度は調停条項に日割で支払う旨の合意内容をどのように反映させるかが議論となりました。というのも、離婚が成立した月の精算のためだけに調停条項に日割計算の条項を入れることは、調停条項としてあまりに異例で不格好であり、調停委員も難色を示したためです。
　結局、悩んだ末、離婚が成立した月の婚姻費用及び養育費の支払いについては、一時金として調停条項に入れ込むことで相手方と合意をし、何とか調停を成立させることができました。
　調停条件や調停条項は、常に定型条項のみで足りるというものではありませんし、理論的な整合性などから一律に導き出されるものではありません。調停条件をどのように提案するか、調停条項をどのように定めるかについては、各弁護士の経験がものをいうところも大きく、いかに場数を踏んだかが重要な場合もあるかもしれませんが、一方で依頼者の利益のためには多少不格好な条項でも何とかねじ込むといった気概が求められているのかもしれません。

> 体験談3

その要求、過剰だと思うのですが

弁護士4年目　男性

「依頼者のため」って何なのでしょうか。そんな疑問に突きあたってしまった経験があります。

過剰な要求

　子どもを3人抱える妻からの依頼でした。「夫が家を出て行って、もう6か月も戻ってこない」、「そもそも稼ぎも少なくて不満だ」、「性格もおどおどしていて、見ているとイライラする」。不満を挙げ始めるとキリがありません。かなり気の強い女性です。
　こちらから離婚調停を申し立てることにしました。
　夫は代理人を立てずに本人が出頭してきました。夫としても離婚はむしろお願いしたい。離婚できるのであれば、養育費などの離婚条件についても払える範囲であれば応じるので、お任せするとのこと。
　これは簡単に話が進みそうだ、と気が楽になりました。
　ところが、依頼者は、最初から高水準の要求です。養育費は一人あたり月額4万円の合計12万円、慰謝料100万円、自動車の名義変更……。夫の収入は、給与所得で年収350万円程度ですから、明らかに過剰要求です。専業主婦であった妻にしてみれば、今後の生活への不安と子どもの教育に不自由したくないという思いから、1円でも多くもらいたいという気持ちはわからないではありませんが、これから子ども3人を抱えて自分で生計を立てていくのであれば、自活する覚悟を持たなければなりません。高額な養育費の支払いを約束させても支払われなければ意味がありません。しかし、何度も説得を試みたものの一向に聞き入れてくれません。調停委員の心証も悪くなりますよと釘を刺したものの、とり

あえず要求してみてほしいといって譲りません。

　私は、依頼者を何とか説得して、養育費は一人あたり月額３万円の合計９万円、慰謝料50万円と少しだけ要求を下げさせたうえで、それでも過剰な離婚条件を、やむを得ず「あくまでもこちらの希望ですが」と恐縮しながら提示しました。

　調停委員の反応は、予想したとおり。「先生、これはちょっと……」

　そうですよね、そう思います。「はい。こちらもいろいろと協議している最中でして、調停委員の先生方の助言もいただきながら検討していきたいと思っていますが、まずは最初の提案ということで、ご理解いただければ」と私の方は恐縮しきりです。

　夫と交替して、待合室で待つ時間の長いこと。それはそうでしょう。きっと、「どうしてこんな提案になるのか」と憤っているに違いありません。調停委員に苦労をかける事件になってしまったな、と思っていました。

それで離婚ができるのであれば

　ところが、長時間を経て、再度、調停室に入ると、予想外の展開でした。聞けば、夫はこの離婚条件をのむと言っているのだそうです。とにかく、この離婚条件をのむことで離婚ができるのであればそうしたいという夫を、調停委員が一生懸命に、このまま受け入れるべきではないと説得していたようです。

　こちらは、慰謝料50万円という膨大な金額を要求していますが、そもそも夫には離婚原因は見当たりません。夫は確かに勝手に家を出て行ったかもしれませんが、事情を聴けば、妻が精神的なDVを繰り返して追い出したようなものです。養育費も算定表よりも高額です。調停委員が夫を説得するのも頷けます。

　しかし、夫は、調停期日の出頭のためにこれ以上は仕事を休めないので今日調停を成立させてほしいというのです。

そして、これまで、夫の給与収入は全て妻が管理する銀行口座に振り込まれており、別居してからの6か月間も、夫自身は、毎月お小遣いの1万円しかもらえずに暮らしてきたというのです。そして毎月15万円払っても、手元に8万円くらい残るので生活していけるし、このままの生活が続くくらいなら、その方がよいというのです。

　本来、婚姻費用の分担を考えれば、むしろこちらが支払わなければならないところです。私は、調停委員と連携して、依頼者の説得に全力を傾けました。依頼者要求が公平の観点から過剰であること、無理な金額を合意させても履行されなければ意味がないので持続可能性を勘案する必要があること、慰謝料には理由がないこと、妻が働き始めて生活が安定するまでの間は少し多めに支払っていただくことで妥結すべきであることなどを、粘り強く説きました。

　結局、私も調停委員も消極的なまま、調停条件を整えました。養育費一人あたり月額2万5,000円の7万5,000円、解決金（財産分与でも慰謝料でもなく）として合計60万円を、当初6か月間は月額7万5,000円を、その後6か月間は2万5,000円を支払うという内容です。つまり、夫としては、当初6か月間は月額15万円を、次の6か月間は月額10万円を、その後は子どもがそれぞれ成人するまで一人あたり2万5,000円の月額7万5,000円を支払うことになります。調停条項の読み上げの際にも、家事調停官から夫に「本当によいのですか」と確認がされていました。

　依頼者にとってはかなり有利な調停条件でしたが、どこか不満な様子。相手方にとってはかなり不利な調停条件でしたが、どこか晴れ晴れとしていました。

　「依頼者のため」って何なんだろう、と考えさせられました。

調停成立から1年が経って

　そしてさらに……。調停成立から1年が経ったころ、元依頼者である妻から連絡がありました。

「調停条項に従って、送金額が7万5,000円に減ったのだけど、元夫はまだ払えると思うから養育費の増額を請求してほしい」と。

私は、当然ながら依頼を断りましたが、この女性の図太さに呆れるとともに、依頼者を自活の道に導くことができなかった自分の力不足を痛感させられ、何とも後味の悪い事件でした。

体験談4

どこまで面倒を見れますか？

弁護士3年目　男性

弁護士としては、調停がまとまったら「よし、事件は終わった」と当然思うことでしょう。しかし、調停条項によってはその後も弁護士が関与しなければならないことがあります。依頼者のために調停をまとめるのが第一ですが、その後も弁護士がどの程度負担を負わなければならないか、しっかり検討しておかなければなりません。

ある東南アジア出身の女性の財産分与

私が過去に受任した案件の中で、東南アジア出身の女性と日本人の男性の離婚調停が記憶に残っています。

日本人男性の配偶者ビザで日本に在留している東南アジア出身の女性と日本人男性の夫婦が性格の不一致を理由に離婚を検討している事案であり、主な争点は財産分与でした。私は、妻の代理人となり、夫は弁護士を就けずに本人で対応していました。

この妻は、婚姻後、夫の借りた賃貸物件に同居し、夫の収入を生活費に充てて生活をしていましたが、婚姻後もいわゆるキャバクラで働いて

おり、その収入を夫に報告していませんでした。そして、妻がキャバクラで働いて得た収入は、そのほとんどが出身の本国で不動産を購入する資金に充てられており、しかも、その不動産には妻の親族が多数居住しているという状態だったのです。

当初、妻は、当該不動産の存在を隠そうとしていましたが、私が「婚姻後に形成した財産にあたるので、隠すことはできない」と説得し、きちんと妻の名義で保有する財産として開示することになりました。他にも若干の財産はありましたが、大きな資産は当該不動産だけであったため、財産分与としては、妻が当該不動産を売却して、妻から夫に代償金を支払うということになりました。

海外に所在する不動産の売却

離婚協議にあたり、ここまで話が進んだのはよかったのですが、その後、実際に履行するための手続が大変でした。

まず、東南アジアの国に所在する不動産について費用をかけずに査定を取ることが難しく、資産価値を把握することが容易ではありませんでした。また、妻は代償金の支払いに十分な現預金を持ち合わせていませんでしたので、当該不動産を売却して代償金の支払原資を捻出する必要がありました。

妻の名義で保有する不動産の売却が必要であることと、相手方である夫が代理人を就けずに本人対応であったこともあり、調停委員からは、私の方で不動産の売却等の手続を担当するように打診があり、やむを得ずこれを引き受けることとなりました。

このとき、調停条項には、単に「妻は不動産を売却し、売却代金から○○円を夫に代償金として支払う」と記載すればよかったのかもしれませんが、「代償金については、日本円で、妻代理人弁護士から夫に送金する」旨まで調停条項に記載してしまっていました。今思えば、売却手続の手配などを事実上私が担当するとしても、調停条項に私の義務とし

て記載する必要はなかったように思いますが、その時はあまり深く考えずに、調停委員の提案するままに同意してしまいました。

　まずは、方々に手を尽くして何とか日本国内で東南アジアの本国の不動産を取り扱ってくれる業者を見つけました。しかし、これで一安心と思ったのが大間違いでした。

　当該不動産には妻の多数の親族が現に居住している状況でしたので、直ちに売却することができません。東南アジアの本国の親族に新しい住居を探してもらい、売却のために不動産の内装を整備し、売出しの手配をする必要があります。無事に売却が完了した後は、現地通貨を日本円に換算し、私の預り金口座で受領して、その中から代償金に相当する金額を夫に送金する必要があります。そして、この間に、夫からは、随時、進捗状況の確認の連絡があるため、これらに必要な諸手続の内容を確認し、各方面に手続を依頼したうえで、常時、事務手続の進捗状況を把握しなければなりませんでした。夫からの「もっと高く売れるのではないか」、「早くしてほしい」といったクレームへの対応も私が引き受けることになってしまいました。

　結局、調停成立後も、この案件に追われる毎日でした。

　今にして思えば、専門の不動産業者を見つけてくるまではともかく、その後の不動産の換価や送金については、弁護士が関与しなくても本人同士でできることだったと思います。

　もちろん「弁護士はそこまで面倒をみるべきだ」という意見もあるかと思いますが、仮に妻の親族が絶対に出ていかないと粘っていたらどうだったでしょうか。また、2年経っても、3年経っても不動産が売却できなかったらどうだったでしょうか。そう考えると、弁護士が調停成立後の事後対応についてどこまでお付き合いするべきか、という問題は重要な問題だと思いました。少なくとも、私自身は、先ほどの案件で調停条項を検討する際に、調停成立後の事務手続についてあまり深く考えることなく、調停委員の提案した調停条項に安易に同意してしまったと反省しました。

ワンポイントアドバイス

◎　調停条件を設定し、調停条項を作成するにあたっては、やはり標準的な条件や定型の条項を参照することが有益です。標準的な条件や定型の条項は、数多くの事例の集積による産物といえ、シンプルな記載でも将来起こるかもしれないさまざまな事象に対応している場合が少なくありません。

◎　しかし、夫婦のあり方は夫婦の数だけあり、調停による解決の方法は事件の数だけあります。1つとして同じものはありません。弁護士としては、標準的な条件や定型の条項に頼り切りにならずに、依頼者のために、よりよい調停条件を設定し、よりよい調停条項を作成するように努めましょう。

◎　調停条件には公平の観点も必要です。依頼者の過剰要求には、弁護士として責任を持って依頼者を説得する姿勢も忘れないようにしましょう。

◎　依頼者は、思いもよらないところにこだわりを持っている可能性があります。依頼者に調停条件や調停条項を確認してもらう際には依頼者が本当に応諾しているか慎重に見定めましょう。

□ 未登載の裁判例・審判例等の調べ方

　離婚事件等の家事事件を扱う際には、『判例タイムズ』や『判例時報』等を見ていて気になる裁判例や審判例があっても、"公刊物未登載"などと記載されていて、判例検索ソフトの契約内容によっては、裁判例等を閲覧できないことがよくあります。

　このような場合、多くの弁護士は"お手上げ"として諦める……のではなく、『家庭裁判月報』（略して『家裁月報』と呼ばれたりしています）という最高裁発行の書籍を、弁護士会の図書館等へ見に行きます。なお、第一法規の判例検索ソフトD1-Law.com判例体系では家裁月報の閲覧が可能です。

　同書は、裁判官が纏め上げた論稿などが掲載されており、そこでは公刊物未登載の裁判例等も詳しく引用されています。

　そのため、家事事件を扱う際は、同書がとても役に立ちます。それどころか、時と場合によっては、同書を見ていないと"モグリ"とみられかねません。

　このように、同書は、非常に有益な書籍なのですが、実は、すでに廃刊になっています。

　もっとも、今後、非公開の審判例等が見られなくなったわけではないので、ご安心を。

　上記廃刊の理由は、一般の法律雑誌へ情報を提供することにより業務効率化を図る点にあるとのことで、現在は、『家庭の法と裁判（FAMILY COURT JOURNAL）』（日本加除出版株式会社、年4回発行）という雑誌に、家裁月報の役割が引き継がれています。

　未登載。でもみたい。

　そんな裁判例等がある場合、『家裁月報』または『家庭の法と裁判』をみに行きましょう。

Method 05 証拠の集め方

▶ **証拠集めは大胆かつ慎重に**

――離婚事件では、主張・立証の対象となる事実関係が生活状況全般にわたる場合が少なくないため、どこまで調査して証拠を収集するのか、悩ましいところである。また、互いのプライバシーに関する事項に及び得るため、どこまで調査して証拠を収集してよいものか、モラルの問題も含めて気になるところである。

体験談1

調査費用は高額になるかも

弁護士3年目　男性

その情報は真実？

　夫の不貞行為を理由として妻が家を出て行った後、妻から夫に対し、不貞の相手方に対して訴訟を提起されたくなかったら2,000万円を支払えという裁判外の請求があったとのことで、夫から私のところに相談がありました。

夫としては、不貞行為は事実であるが、とても2,000万円もの金額を支払うことはできないので、なんとかもう少し低い金額で和解したいという意向でした。私は、依頼者の意向に従って、相手方と交渉を行っていましたが、なかなか金額が下がりません。
　そうこうするうちに、夫が、妻との共通の友人から、妻には交際中の男性があり、夫と居住していた家を出た直後からその男性と同居を開始しているという情報を掴んだとのことでした。
　夫は、妻とその男性が同居していること、あるいは交際をしていることを調査してほしいというので、弁護士が調査まですることはできない旨を伝え、調査会社を紹介しました。

調査をしてみたものの……

　調査会社では、基本的に尾行・張り込みで1時間2万円の調査費用を要するとのことでしたが、依頼者は、条件を了解したうえで、是非とも調査をお願いしたいとのことでした。
　その後、情報源の友人から、X月X日金曜日の22時から2人があるクラブに来る予定であること、そのクラブは朝までライブイベントなどがあり、客はだいたい朝までいるとの情報を得ました。そこで、金曜日の22時頃から朝まで張り込みを行い、朝帰る際に自宅まで尾行して、2人が同じ住居に帰宅するところを証拠化するという目標を設定し、金曜日の22時頃から翌土曜日の10時頃までの調査を依頼しました。
　ところが、22時頃、クラブに現れたのは男性のみであり、結局、朝まで妻は現れませんでした。しかし、男性が帰宅した家に妻が居住している事実を掴むことができれば、妻の交際と同居の事実を証明することができると考え、男性の帰宅先を突き止めるために調査会社に調査を続行してもらいました。なお、当初の予定終了時刻である土曜日の10時を経過した場合には1時間あたり2万5,000円の追加費用を要するとのことでした。

調査会社がその男性の尾行をしていたところ、男性はクラブイベントが終了後、友人たちと朝から飲み続け、その後、カラオケに行き、夕方頃友人たちと別れました。その後、電車に乗り、やっと帰路についたと思われましたが、男性は電車の中で眠ってしまい、電車の終点と始発の間を4往復することとなり、帰宅したのは土曜日の夜、22時を回っていました。その間、調査会社の調査員も電車で交代を行うなどして対応したようです。しかしながら、男性が帰宅した家は、男性の実家と思われる家でした。
　結局、調査は空振りでした。それでも、調査費用を支払わないわけにはいきません。この日の調査費用は、金曜日の22時から土曜日の10時までの12時間につき2万円／時間の24万円、さらに、土曜日の10時から22時までの12時間につき2万5,000円／時間の30万円で、合計54万円となりました。
　その後、郵便物の転送サービスから妻の住所を割り出し（調査費用10万円）、妻の住居前に張り込んで男性が現れるのを待ちましたが（調査費用24万円）、結局、妻が男性と交際中であるとの証拠を掴むことはできませんでした。

調査の実施は慎重に

　この事件では、調査結果は空振りだったものの、元々、依頼者から調査会社を紹介してほしいとの要望があり、調査費用についても十分に納得いただいていたこともあって、特に私に対するクレームにはつながりませんでした。
　しかし、依頼者は、当然ながら、調査結果を期待していますので、調査会社への調査依頼にあたっては、多額の費用をかけて調査を行ってもこちらに有利な証拠を収集できない可能性があることを事前に十分に説明し、理解してもらうことが不可欠であるし、弁護士から調査会社の利用を安易に勧めることはできないなと感じました。

> 体験談 2

いろいろなところに証拠は転がっています

弁護士 5 年目　男性

携帯電話の情報は盗まれる

　妻から離婚調停を申し立てられた30代男性からのご依頼です。
　浮気相手とのLINEの履歴を妻に押さえられ、証拠にされてしまいました。浮気を理由に慰謝料も請求されています。
　これに対し、依頼者は、①離婚は同意。②ただし、妻が先に浮気を開始し、1年ほど前から夫婦関係は破綻状態にあったので、慰謝料を請求される筋合いはない、という主張です。
　「妻は、僕以外の男性と付き合っていました。僕も浮気していましたが、そもそも妻の浮気が原因ですよ。とっくに夫婦生活は破綻していたんです」
　「何か証拠はありますか」
　「妻と一緒にいたときに、妻の携帯くらいは確認しておけばよかったのですが……」
　携帯電話に残されたデータ（電話帳、発着信履歴、メールの履歴、SNSの履歴等）が決定的な証拠になることは珍しくありません。離婚を決めた方は、配偶者の携帯電話のデータを盗み見て、画面を写真に撮影しておくなどして証拠化してしまいます。こうして収集された証拠が、離婚調停・離婚裁判の場に提出されることも少なくありません。情報を盗まれた配偶者は、そんな証拠は違法ではないか、と抗議します。しかし、裁判所が携帯電話のデータが違法に収集された証拠だとして排斥する例はほとんどありません。
　弁護士としては、配偶者の携帯電話を盗み見て証拠化するようにアド

バイスすることはできません。配偶者の携帯電話を盗み見る行為が何か犯罪に当たるのかどうかという議論はさておき、プライバシー侵害の問題を内包していることは間違いないでしょう。弁護士としてそのような行為を勧めることはできません。

「どうして妻にパスワードがバレたのでしょう？」

「パスワードを記念日にしていませんでしたか。それに、マメにパスワードを変えていても、ロックを解除する指の動きでわかることはあるようですよ。画面の指紋でわかると話す方もいらっしゃいます」

携帯電話は最大の情報源です。夫婦間では、パスワードも想像しやすいため、パスワードの解除もそう難しいことではありません。離婚を請求する方は、弁護士に相談する前に携帯電話から有利な証拠を獲得している場合が多く、あとは弁護士が証拠をどう使うか、という問題になります。

指紋認証も普及が進んでいますが、いざという時に情報は隠せないものと心得るのがよいでしょう。

SNSから情報を収集する

「隠している情報だけが証拠ではありません。相手方（妻）はSNSなどをやっていませんでしたか」

「妻のFacebookは非公開だったので、僕は見ることができないのですが……。妻と共通の友人がいるので、聞いてみます」

〜その後〜

「先生、妻のFacebookに、『旦那募集！』という投稿があったそうです」

離婚の準備に入った方は、配偶者から有利なデータを収集しようとします。逆に自分自身のデータが配偶者に収集されるリスクを考慮してもおかしくないのですが、どうやら自分自身の情報の管理には無警戒なケースもあるようです。例えば、SNSの非公開設定に安心して、Facebook、Twitterに不用意な投稿をしているケースが散見されるようです。この事件の妻は、Facebook、Twitterを配偶者に公開していないことで油断していたようです。

　この事件では「旦那募集！」のようなあからさまな投稿だけでなく、他の投稿にも、依頼者との間の夫婦関係がすでに形骸化していた様子が窺えるものが少なくありませんでした。この事件では、相手方である妻のSNSでの投稿が、夫婦関係の破綻を裏付ける証拠となりました。

ワンポイントアドバイス

◎　証拠収集はどこまでやるか、悩ましいところです。基本的には、日常の相手方の細かな動向に対する洞察から情報を得られることが少なくないようです。

◎　離婚事件の対象事実は、プライベートな事項に及ぶことがあります。そのため、証拠についてもプライベートな物が対象となる場合が少なくなく、常に、相手方のプライバシーとの関係を内包しています。弁護士としては、どこまでの証拠収集が許されるかについて常に意識しておくことが必要です。

◎　調査会社に依頼して証拠を収集する方法もありますが、調査費用が高額になる可能性があること、調査会社に依頼しても結果が得られるとは限らないことなどについて十分に理解を得たうえで行う必要があります。また、ある程度確度の高い情報をもとに、調査対象や調査範囲を絞って依頼することが適当です。

Method 06 | 証拠の使い方

▶ 切り札こそ切るな

——離婚事件の証拠には、プライベートな性質が高いものが多くあります。立証すべき事実との関係では決定的な証拠であっても、入手方法が不正と思われるものや、証拠提出することによって相手方の態度が頑なになることが明らかなものなどもある。そのため、証拠として提出するか迷うことも少なくない。

先輩弁護士は、どのようにしているのだろうか。

体験談1

この証拠、どうやって入手したんですか？

弁護士6年目　男性

否認に転じた不貞行為の存否

　夫婦と子ども2人の4人家族の家庭で、夫が妻の不貞行為を理由に、離婚と子どもたちの親権を求めた調停審判事件を担当したことがあります。私は、夫の代理人でした。

この事件は、妻の不貞行為の有無が勝敗を大きく分けるポイントでしたが、妻はこれを強く否認していました。夫の話では、離婚調停に至る前に夫婦間で協議した際は、妻は複数名の男性（いずれも夫の知人）と不貞関係にあったことを認めていたということですが、調停になった途端に不貞行為の事実を否認する態度に出た、ということでした。
　夫に確認しても、妻が口頭で不貞行為を認めていたという夫の証言以外に有力な証拠は見当たらず、当初は、妻が否認に回った以上、不貞行為の立証は難しいのではないかと考えていました。

たまたまSNSメッセージを発見！？

　不貞行為の証拠がないまま複数回調停期日を重ね、その対応策に悩んでいたところ、ある日夫から、「妻と不倫相手とのメッセージのやり取りを見つけた」という報告を受けました。
　夫にそのメッセージのやり取りを見せてもらうと、それは某SNSのメッセージ履歴でした。そして、メッセージのやり取りを見れば、妻が複数の男性と交際していることは明らかでした。
　この証拠を見た瞬間、これは不貞行為を立証する確実な証拠だと心が躍りましたが、同時に、夫はどうやってこのメッセージ履歴を得ることができたのかという疑問がわいてきました。
　このSNSでは、ログインIDとパスワードを入力しなければメッセージ履歴を確認することはできないため、本来、妻でなければ確認できないはずです。なぜ今頃になってこのような有力な証拠が出てきたのか、そして妻の個人的なメッセージのやり取りをどのようにして入手したのか……。
　夫の説明は「同居していた頃、妻が私のPCをよく使っていたようで、たまたまSNSを開いたところ、妻のページに自動ログインしたんです」というものでした。しかし、この夫の説明は、どうも腑に落ちません。夫は直ちに証拠提出することを強く希望していましたが、私は証拠提出

をためらいました。

　妻及び妻の代理人弁護士の立場に立てば、夫が何らかの手段により妻のIDとパスワードを入手して不正にログインしたのではないか（不正アクセス行為の禁止等に関する法律違反）との疑念を抱くことが容易に想定されます。正直なところ、私としても、夫が不正アクセス行為の禁止等に関する法律違反によりメッセージ履歴を入手したのではない、という確信までは持てません。

　結局、夫と協議のうえ、別の証拠を探すこととし、当該メッセージ履歴はひとまず証拠提出せずに保留とする方針としました。

その証拠を手がかりに他の証拠を

　その後、妻の友人と連絡を取ることができ、妻がその友人に対して複数の男性と不貞行為に及んでいることを相談していたことがわかりました。SNSメッセージから知り得た情報を前提に、夫が複数の男性との不貞関係を把握していることを知らせると、夫に同情した妻の友人は、「そこまでご存知なのであれば」と、妻がその友人に対して送信していた不貞の相談メールを証拠として提供していただき、さらに、妻の不貞行為に関する陳述書も作成していただけることになりました。

　この証拠が決め手となり、妻の不貞行為を積極認定することを前提とした内容の和解となり、結局、夫が探してきたSNSのメッセージ履歴を証拠提出しないままに事件を終結させることができました。

　このメッセージ履歴は極めて証拠価値が高く、決定的な証拠ではありましたが、証拠提出には躊躇せざるを得ない証拠でした。

　この事件では、このメッセージ履歴により把握できた事実関係を契機に、妻の友人の証言と相談メールという別の証拠を入手することができましたので、結果として、メッセージ履歴を証拠として提出せずにすみましたが、もし妻の友人から協力を得られなかった場合にはどうすべきであったかは悩ましいところです。

体験談2

自ら提出する証拠にも要注意

弁護士4年目　男性

ヘソクリ、見つかりませんねぇ……

　妻はきっと隠し口座・資金（いわゆるヘソクリ）を持っているはずと主張する私の依頼者。確かに、証拠として提出された妻の預金通帳の出入金明細を見る限り、妻の銀行口座から引き出されたお金がどこかに流れていそうな様子があるものの、決定的な証拠は見当たりません。当然のことながら、妻は、ヘソクリの存在を否認。保有財産は、妻が証拠として提出しているもので全てという主張を続けています。

　手持ちの情報からはヘソクリにつながる証拠は出てきそうにない。では、調査会社を使って調べるか、とはいえ失敗した場合の費用負担は大きい。さて、どうしようか……。

　こんなやり取りは、そう珍しいことではないことでしょう。

返信メールの引用の中に

　そんな中、私たちは、相手方である妻が隠していたヘソクリ（というには憚られる多額の預金）の発見に成功しました。

　発見したというか、相手方が提出した証拠に教えてもらいました。

　相手方が証拠として提出したメールのやり取り。これを証拠として提出するためにメール内容をプリントアウトした結果、末尾に過去の返信メールが引用されて記載されていました。そこには、なんと、これまで夫が把握していなかった銀行口座の情報が掲載されているではありませ

んか。

　離婚事件では、大量のメールやSNS画面が証拠として提出されることがしばしばあります。全ての通信内容を精査して提出すべきなのでしょうが、離婚事件では、事件の性質上、他の事件よりも長時間になりやすい依頼者からの事情聴取、長文になりやすい準備書面作成業務なども並行して行わなければなりません。そのため、少し気を緩めると証拠資料の精査がずさんになってしまうこともあるのでしょうか。

　少なくとも、この事件の相手方代理人弁護士は、提出した証拠（通信履歴）のチェックが甘かった。これにより、こちらは決定打を確保することができました。

> 体験談3

古い携帯電話の情報を復元して

弁護士8年目　男性

夫は不貞行為をしていると思うのですが……

　ある夫婦の妻の方から離婚の相談を受けました。内容は、夫に不貞行為の可能性があったので疑っていたところ、そのことも相まって夫婦の関係がぎくしゃくし、現在夫が家を出る形で別居して調停中であるとのことでした。

　さらに話を聞いてみると、不貞行為の存在自体を夫は否認しており、調停では不貞行為の有無は前提とせずに離婚に向けた話合いが進んでいるので、どうにかできないか、という相談でした。

　私は、不貞行為を争うのであれば何らかの証拠があるのかと妻に確認をしてみましたが、妻としては、別居前に夫の不貞行為を窺わせるメー

ル等を確認したわけでもないし、当然、不貞行為の現場を押さえたということもないということでした。しかし、妻は、機種変更により使わなくなった夫の昔の携帯が家に放置されているので、この携帯電話に入っている情報を復元したい、と言います。放置している携帯電話とはいえ、夫の携帯電話の情報を勝手に解析・復元することには問題がないとはいえないと指摘しましたが、妻としては、たとえ夫から復元について非難されたとしてもやってみたいということでした。

　さて、解析の結果はというと、無事に（というべきかはわかりませんが）、夫の不貞行為を撮影したものと思われる動画が発見されました。

　残念ながら、今回の復元では動画が「いつ」撮影されたものかまで特定することはできず、結婚前の撮影である可能性を否定することはできませんでした。ただ、その動画がその携帯電話で撮影されたものだとすれば、携帯電話の使用時期からして不貞行為に該当するといえるところ、その可能性は高いと判断しました。

証拠の使い道は提出だけではない

　ここからが、弁護士の腕の見せどころです。

　その後の調停期日において、①携帯電話を解析して動画を復元したこと、②その中に、不貞行為ではないかと思われる動画があること、③写っている場所、相手方の特徴を把握していること、について、調停委員を通じて夫側に伝えることにしました。

　撮影日が不明であるという懸念はありましたが、こちらの把握している情報を断片的ながら適度に具体的に提示することとしました。もし、夫にやましいところがあるのであれば、何か感じるところがあるであろうという作戦でした。

　すると、調停委員の説得もあってか、相手方からの離婚に伴う条件は、これまでと打って変わって当方に有利なものとなりました。

　慰謝料という名目ではありませんでしたが、財産分与としての給付額

が大幅に増額されました。金額としては、不貞行為の存在を前提とするような水準であり、妻としては相応に満足できる額でした。また、古い携帯電話の引渡しや動画の削除などの条件が付いてきたことからも、夫は、事実上、不貞行為の存在を認めたうえで、円満な解決を求めたといえるでしょう。

交渉としては非常に上手く進んだといえます。

これがもし裁判であって、相手方が開き直って不貞行為の事実を真っ向から争ってきた場合には、当方は、不貞行為の存在をきちんと立証しなければならず、撮影年月日が明らかでないこの動画だけで立証を尽くせたか、定かではありません。

調停においては、裁判所が証拠に基づいて事実を認定することではなく、当事者間の合意を図ることを目的としています。そのため、「携帯電話を復元した」、「不貞と思われる証拠が出てきた」、「内容・場所・相手方の特徴はわかっている」ということを相手方に伝えて、こちらの手持ち証拠の内容・程度について、相手方に想像をしてもらうことで、交渉を有利に進めることができる場合は少なくないと思います。

> 体験談 4

外国語の書証も精査を怠るな

弁護士2年目　男性

すれ違いの生活から

　ボス弁の知り合いからの紹介で、ボス弁と共同受任した事件の話です。依頼者の男性は大手企業のビジネスマン。妻は、もともと研究者だったのですが、結婚を機に専業主婦になり、3人の子どもにも恵まれたそうです。

　転機が訪れたのは、夫のアメリカ赴任。赴任先で妻が研究の職をみつけ、ビザを取得して働き始めました。徐々にすれ違いが生じ始め、夫の海外赴任が終わり帰国することとなったものの、妻と子どもたちはアメリカに残って生活することを選び、別居が始まりました。

　日本とアメリカでの別居生活が続き、夫婦関係は冷え込むばかり。

　ついに夫が離婚を決断し、妻に対する離婚調停を起こすこととなり、私がボス弁とともに受任しました。

　調停では、双方とも、離婚することと親権を妻に帰属させることに異論はありませんでした。しかし、お互いの資産と収入について疑心暗鬼となり、財産分与と養育費で折り合いがつきませんでした。結局、調停は不調に終わり、訴訟手続に移行することになりました。

資産調査は空振りだったのに……

　当然、訴訟でも中心的な争点は資産と収入、つまり財産分与と養育費の額でした。

しかし、お互いの主張は平行線のまま。依頼者も業を煮やしたのか、妻のアメリカでの資産について「調査会社を使って調査する」と言い出しました。

アメリカでの資産調査。どの程度の金額がかかるのか、そもそも適法な調査が行われているのか、よくわかりません。どうアドバイスをしてよいかわからなかったので、ボス弁に任せていましたが、ボス弁も曖昧な態度。

結局、依頼者が自らアメリカの調査会社に発注しましたが、結果は空振り。資産調査は徒労に終わったかに思えました。

ところが、相手方は、この動きを察知したようです。次の訴訟期日の直前に、相手方から送られてきた準備書面には、こちらの動きを逆手に取ろうとする記述がありました。

それは「夫が妻の資産を探すため不当な調査を行っている。アメリカでこんな書面が当局から送られてきた。これを当局から取得するためには妻本人のサインが必要なはずで、夫は、妻のサインを偽造したに違いない」という内容のものでした。

その準備書面では、とにかく夫がアメリカで違法行為をしているという指摘と、夫に対する人格攻撃ともとれる記載が大半となっていました。また、あわせて、書証が送付されてきました。

しかしながら、それはなんと、妻のアメリカでの税務申告内容について当局が発行した証明書でした。しかも、内容を精査すると、そこには、相手方が主張する収入額をはるかに上回る収入額が記載されているではありませんか。

この夫婦間では、婚姻費用の審判事件も係属していたので、もちろんすぐに、婚姻費用の審判事件にこの証明書を証拠提出しました。

結果、その証明書記載の収入額を反映した金額での有利な審判を得ることができました。

また、離婚事件についても、結局、財産を隠しているとのお互いの不信感は払拭できず、判決となったのですが、こちらでもやはり養育費に関して、証明書を考慮した有利な結果に終わりました。

不思議なのは、相手方がこの証明書を出してきた意図です。英文の証明書だったので、精査しなかったのでしょうか。感情的になった妻の強い意向で提出されたのかもしれませんが、こちらとしては、有利な証拠をわざわざ提出していただき、非常に助かりました。

ワンポイントアドバイス

◎　収集した証拠は、全てを提出すればよいわけではありません。効果的な利用方法を検討しましょう。特に円満な解決を目指す場合には、有利な証拠であれば何でも提出すればよいというものではありません。上手に交渉の道具として利用するようにしましょう。

◎　離婚事件における証拠には、不正な方法で収集された証拠が混入していることが少なくありません。民事・家事事件であるため、刑事事件のように違法収集証拠として排除される可能性は低いとしても、何にも気にせずに提出してよいものかについては意見も分かれ得るところでしょう。無用な対立を生じさせないための配慮も必要です。

◎　離婚事件では、依頼者の意向を反映してなのか、生活状況全般に関し、大量に雑多な証拠が提出されることがあります。しかし、提出した証拠が、別の争点などに関して相手方に有利な情報を与える契機となることも少なくないようです。相手方から提出された証拠を精査して依頼者に有利になる情報がないかをチェックするとともに、自らが提出しようとする証拠の精査も怠らないようにしましょう。

□ ある弁護士の雑感（その２）

　私は、「離婚事件はやりません」と公言しています。
　私の取扱業務は、企業法務がほとんどです。一般民事の事件を取り扱うことはあるものの、それらも概ね顧問先企業の担当者や旧友や知人の紹介によるものです。そのため、上記の公言も、顧問先企業にはそれほど違和感なく受容されていることと思います。
　離婚事件は、依頼者や相手方といった当事者双方から浴びせられる「負」のエネルギーが他の事件に比べて甚大です。当然、手間ひまもかかります。また、契約書の作成やビジネス法務の相談など私が日常的に扱っている業務とでは、進行する時間軸も大きく異なりますので、私としては、離婚事件はできれば避けて通りたい事件類型です。
　では、離婚事件を受任した経験が少ないのかというと、実はそうでもありません。上記の公言にもかかわらず、顧問先企業の担当者や旧友から「先生、通常は離婚事件をされないと聞いてはいるのですが、何とかお願いできませんか？」と懇願されてしまうと引き受けないわけにはいきません。
　当事者にとって、離婚事件は人生の一大事。また、極めてプライベートな事柄が争点になります。そのため、ひとりの「人」として信頼する弁護士に依頼したい、と思うようです。こんな風に信頼の念を示して懇願されると、意気に感じざるを得ません。
　「ホントは、お引き受けしないんですけどね。でも、引き受けた以上はお任せください」
　そう言って、結局、頭では避けて通りたいと思っていた離婚事件に、いつも以上に力を入れて臨むことになってしまうのです。
　でも、そんな自分が少し誇らしかったりもします。

Method 07 | 書面の書き方

▶ 書かぬが勝ち

――離婚事件では、婚姻を継続し難い重大な事由の主張や親権者としての適格性に関する主張など、相手方の人物評価に関わる事項を主張すべき場合がある。こうしたとき、当事者の中には徹底的に相手方を批判する攻撃的な表現を求める方もいるようである。弁護士として、どのように対応したらよいのだろうか。

体験談1

夫婦喧嘩の再現のような準備書面

弁護士2年目　女性

嫁vs姑

　夫Aと妻Bの夫婦間で離婚には合意をしているものの4歳になる子どもの親権を争っている事案において、夫Aの代理人となりました。夫Aの母親Cと私のボス弁が古い付き合いの知人であり、その縁で私が担当することになったというものです。

この事案の背景として、母親Ｃと妻Ｂの折合いが非常に悪く、夫Ａも自分の母親であるＣに頭が上がらないところがありました。典型的な「嫁vs姑」の対立構造です。また、母親Ｃは、生来の気の強さもあってか、私が作成する準備書面についても自分の意向どおりに作成されていないと納得しません。

　親権を争う場合、特に父親が親権を得ようとする場合には、自分が親権者として適格であることを主張するのみではなく、相手方が親権者として不適格であることについてもある程度は主張する必要があるでしょう。しかし、相手方の適性に対する批判が度を超して、相手方の人格批判にまで及ぶとなると話は別です。相手方を不必要に傷つける主張は、本来的に不要であって控えるべきであり、むしろ子どもにとって引き続き親である相手方を不必要に傷つけるような主張をする者であるとして、裁判所や調停委員からの評価を下げることになりかねないということを理解すべきだと思います。

　そのため、親権者としての適格性の評価のために、相手方の言動をある程度、批判することはやむを得ないとしても、どこまで主張するかについては慎重に検討する必要があります。

夫婦喧嘩の再現

　この事件では、調停手続において、妻Ｂがいかに親権者としてふさわしくないかを主張するために、妻Ｂの家事能力のなさについて主張することになりました。具体的には、妻Ｂが専業主婦であるにもかかわらず家を片付けようとせず常に家が散乱している状態であること、食事をきちんとつくらないこと、その他、育児放棄を疑わせる事実などを主張しました。

　さらに、特に母親Ｃからの強い要望により、夫Ａと妻Ｂの夫婦喧嘩に際し、妻Ｂが夫Ａの収入に文句をつけ、夫Ａの能力を侮辱する発言をしたことなどを指摘することになりました。

すると、今度は、妻Bからは、夫婦喧嘩において、夫Aがいかに妻Bを侮辱する発言をしたかなど、発言の具体的な内容が主張されるようになりました。
　その後の準備書面のやり取りは、さながら夫婦喧嘩の再現のような内容の書面の応酬となってしまいました。
　結果として、夫Aが親権を得ることができたので、母親Cも夫Aも満足しているようでしたが、親権についての争いで、どちらがいかにひどい発言をしたか、いかに相手方の人格を傷つける発言をしたかを再現することは、再度お互いを傷つけることになり、気分のよいものではありませんでした。

弁護士としてどう対処すべきか

　弁護士としては、感情的な表現を避けて冷静に事実を摘示する叙述にとどめるなど、ある程度抑えた内容にするべきだと考える一方で、依頼者がどうしても主張したいと固執する場合にはどこまで依頼者の「想い」を尊重すべきか、非常に悩まされました。
　私としては、この事件については、母親Cとボス弁の間に古くからの付き合いがあり、母親Cの意向を中心に進めることがボス弁の意向に沿うものでもあったことから、勤務弁護士の立場としては、ある程度、開き直って、母親Cの意向を優先してしまったようなところがありました。しかし、そういった事情がない場合には、自分は弁護士としてどのように対処すべきだったか、どのように対処することができたかを考えると難しい事案であったなと思います。

> 体験談 2

依頼者対応でカバーする

弁護士10年目　男性

　離婚事件における書面、例えば離婚調停における主張書面や離婚訴訟における準備書面において、相手方に不快感を与えるであろう内容をどの程度記載してもいいか、記載すべきかは悩ましいところです。「婚姻を継続し難い」ほど相手方がひどい人物だ、とか、親権を争ううえで相手方がどれほど親権者として不適切か、といった主張をしなければならない場面はあります。

　私は、できるだけそのような内容は書かない、そして書面はできるだけ短く書く、ということを基本的なスタンスとして臨んでいます。

裁判所（調停委員）・相手方代理人限りで

　相手方からのモラルハラスメントゆえに離婚をしたいという離婚事件を受任したことがありました。その事件では、離婚を望む理由から容易に想像されるとおり、依頼者からは「相手方がいかにひどいモラルハラスメントを行ったか」、「相手方はそのような言動を取るひどい人物である」といった事情を調停委員に伝えたいとして、主張書面には相手方に対して攻撃的な内容の詳細な記載をしてもらいたいとの要望を受けました（親権も争ったので、なおさら相手方が「ひどい人物だ」という内容の記載の要望を受けていました）。

　依頼者には、私自身のスタンスを伝えたうえで、子どもがいるからには離婚が成立しても相手方との関係が完全に切れるものではないのであるから、相手方の人格を攻撃するような記載をすることは決して得策ではないと何度も説明し、できるだけ事実のみを（ただし事実自体は詳細

に）記載した淡々とした内容の書面にしました。

　そのうえで、主張書面については、裁判所（調停委員）限りとしてもらいたい旨を伝えて裁判所に提出し、依頼者の了承を得て、事情を話したうえで相手方の代理人弁護士に主張書面の写しを渡すという対応をとりました（なお、「裁判所限りとしてもらいたい」として主張書面を提出できたのは家事事件手続法施行前だったからこそできた対応かもしれません）。

　その結果、相手方本人に不必要に不快な思いをさせることなく、離婚調停を申し立てた理由や経緯を、裁判所にも相手方代理人にも伝えることができ、その後のスムーズな協議につながりました。

長時間かけて依頼者と協議

　また、相手方からDVとモラルハラスメントを受けているとして離婚したいという離婚事件を受任したこともありました。

　この事件でも、依頼者はDVやモラルハラスメントの具体的内容の詳細を含め離婚を求める理由を詳しく書面で説明したいという希望をお持ちでした（それまでに受けた仕打ちを考えれば当然でしょう）。しかし、親権を含めて依頼者が希望する結論に至るためには相手方と罵り合いをすることは全くメリットがないこと、殊にこの依頼者は有責配偶者にあたる可能性が高かったので、こちらから攻撃を仕掛ければ罵り合いになることが容易に想定されることなどを、相当な時間をかけて説明し、依頼者との協議を何度も行いました。

　結果として、依頼者も、私が話を聴いて、共感を示したことによってある程度は気持ちが落ち着いたのか、「自分をひどい目に遭わせた相手方であるとはいえ、調停の場で相手方を責めることはやめよう」と考えるようになりました。

　その後は、相手方を非難するような評価的記載をできるだけ排した短めの書面を提出するようになり、私の想定よりも早く離婚成立に至りま

した。

　個人的には、できるだけ短く、事実を淡々と記載した書面が望ましいと今も思っていますが、このスタンスを実行するには依頼者対応で相応の負担（時間的も精神的にも）を強いられます。調停や訴訟手続の中で非生産的な争いを繰り広げることを回避し、そのために費やされる無駄な時間を省くことができるとはいえ、依頼者対応にかける負担については毎回悩ましいと感じる問題です。

体験談3

感情的な主張は百害あって一利なし

弁護士3年目　男性

離婚条件はまったく折り合わず

　結婚から十数年が経った共働きの夫婦の夫から依頼された事件でした。離婚したいとのことで、主張する離婚原因は性格の不一致。妻がヒステリックすぎてついていけないとのことでした。

　弁護士に相談に行く前、まずは話合いからということで、別居の準備を整えて離婚を切り出したところ、取っ組み合いの喧嘩になり、そのまま夫が家を出て行く形で別居。そこで弁護士を立てて離婚に向けて進めたいとのことでした。

　依頼を受けて、こちらも離婚調停の申立ての準備をしていたところ、妻の方から先に離婚調停の申立てがあり、こちらは相手方として手続に参加することになりました。

　妻は、夫から妻に財産分与をすることと、喧嘩の時に殴られて怪我をするなどDV被害を受けたことを理由に夫が慰謝料を支払うことを求め

てきました。

　しかし、夫によると、DVがなかったことはもちろん、喧嘩も怪我をするようなものではなく、財産分与についても、妻が家計を握っていて妻名義で財産運用がされていたため、むしろ夫の方が財産分与を受けるような資産状況であるとのことでした。実際、離婚の話を切り出す前に依頼者が撮っていた妻の預金通帳の写真などからも、このことは明らかでした。

　ところが、調停期日では妻はそんなに財産を持っていないと強弁。埒が明かないので調停不成立にしてもらい、訴訟に移行しました。

感情的な準備書面

　訴訟になったので、こちらが把握している妻の財産について主張し、預金通帳の写真などの証拠も提出しました。

　おそらくこれを見て妻が激怒したのでしょう。妻から、これらの財産は妻の特有財産であって、夫が何の権限もないにもかかわらず写真を撮影したことはプライバシーの侵害であって、許されないと主張し、さらには、夫の人格等を強烈に誹謗中傷する準備書面が提出されました。

　その後も準備書面のやり取りが続いたのですが、妻の準備書面は荒ぶったまま、まるで落ち着く様子はありませんでした。

　妻は、準備書面でいろいろな出来事を主張していましたが、思いついたままに主張しているような様子でしたので、矛盾している箇所や不整合な箇所がいくつもありました。妻の本人尋問の際には、妻がすぐにカッとなる性格であったこともあり、これらの矛盾点などを冷静に指摘することにより、こちらとしては非常にやりやすい尋問になりました。

　結局、妻が主張する特有財産についてはほぼ認められずに、妻名義で保有する財産から夫が財産分与を受ける形の判決を得ることができました。妻が主張していた慰謝料についても、妻の供述が信用できないとの理由で認めないという判断でした。

こちらからは妻の事情はよくわからないにしても、ここまでの結果になってしまうとなると、感情的になって主張することは百害あって一利なしだなぁと思ってしまいました。

ワンポイントアドバイス

◎　離婚事件では、婚姻を継続し難い重大な事由や親権者としての適格性などに関する主張など、相手方の人物評価にも関わる事項を主張すべき場合が少なからずありますが、相手方の人格を批判するような主張をすべきではありません。
◎　感情的な依頼者からは、攻撃的な表現・叙述を求められることもあり、対応が難しいところです。相手方の人格を批判するような主張をすることは、円満な解決を妨げることになるばかりか、裁判所や調停委員の心証を損なう可能性があること、逆に自分自身の評価を低下させ、初期の目的を達成するための障害となりかねないことなどを丁寧に説明することが一案です。

Method 08 | 財産分与

▶ いつまでもあると思うなそのお金

――離婚事件においては、財産分与が最大の争点となることも少なくない。預金などの金融資産のように可分な財産だけであれば比較的容易であるが、双方が自宅不動産の帰属を争うような場合など交渉が難航することもしばしばある。夫婦でありながら、相手方の財産状況がわからないケースや相手方の財産状況について疑心暗鬼になっているケースもあるだろう。

体験談1

昔の財産資料が見当たらない……

弁護士5年目　男性

長期間の別居後の離婚

　財産分与の基準時は、通常、別居時点です。そのため、調停や裁判の際は、別居当時の財産資料を双方開示することになりますが、ときにその財産資料の収集が困難な場合があります。例えば、別居から10年を超

えるような長期間が経過しているなどの場合です。

では、なぜ別居期間が長期間にわたっているのか。自身が有責配偶者であるため別居期間を稼いでいた事例、長年没交渉だったが死期が近づいて配偶者が相続人となることを回避したいと考えるようになった事例、など理由はさまざまです。

銀行の取引履歴が保存されていない？

私が経験したケースは、別居してから14年間、安定的に婚姻費用を受領していましたが、子どもが独立したこともあり、身分関係をはっきりさせたいと考えた妻が、夫に対し、離婚と財産分与を求めたという事例でした。私は、妻から依頼を受けて代理人となりました。

妻によれば、夫は、高額所得者であり、別居時にも相応の金融資産を有していたはずだということでした。ただ、14年前に夫が保有していた銀行口座については、金融機関がわかる程度であり、支店までは覚えていません。夫に対し、別居当時の銀行口座の預金通帳の開示を求めましたが、すでに破棄したとの返答で開示してもらえません。妻は、「夫は几帳面な性格なので14年前の通帳であってもきっと保有しているはず」と言っていましたが、仮に破棄せずに保有していたとしても、別居当時に多額の預金残高があることを示す証拠となるようであれば任意の開示に応じないことも頷けます。

夫からの任意の開示が得られないため、金融機関に対する調査嘱託を申し立てることとしました。しかし、ここで10年超の別居期間が足を引っ張ります。ほとんどの金融機関（特に大手の金融機関）が規則上の保存期間である10年を経過していることを理由に、記録がないと回答するのみです。判決となる場合には、裁判所は、相応に客観的な資料がない限り、財産分与の対象財産として認定しませんので、本人供述としてただただ「財産が存在したはず」と主張したとしても、成果には結びつかないのが通常でしょう。

そんな中、ある地方銀行からは、10年以上前の記録についても全て開示を受けることができました。こういった対応の金融機関が存在することに鑑みると、保存期間経過のため記録がないと回答する多くの金融機関であっても、本当は記録を破棄せずに保存しているのではないかと勘繰ってしまいます。
　この事件では、回答を得ることができた地方銀行の銀行口座の別居当時の預金残高が相応の額であったため、妻としても、相応に満足できる財産分与が見込まれることとなりました。

ATM明細書

　また、この地方銀行からの回答が得られる前の時点では、金融機関からの回答を必ずしも期待できなかったことから、家の中に古い資料が残っていないか依頼者に家探しをしてもらっていました。別居当時のものと思われる資料を洗いざらい持参いただき、私の方で、1つずつ確認していたところ、1枚のATM明細書を見つけました。そこには、別居の2か月ほど前の利用日と、まとまった金額の利用後残高が記載されていました。口座名義の記載はありませんでしたが、口座番号から夫名義の口座であることも判明しました。そこで、このATM明細書を証拠提出し、記載された利用後残高相当額を財産分与対象資産として主張しました。
　すると、和解協議において、裁判官から、取引履歴の開示があった地方銀行の銀行口座における別居当時の残高相当額と発見されたATM明細書に記載のある残高相当額について、夫が保有する夫婦共有財産として認められる旨の心証開示があり、最終的に、当方に有利な条件で和解をまとめることができました。
　別居期間が10年以上経過している場合でも、諦めずに手を尽くしたことにより、よい結果を導くことができた事案だと思います。
　別居期間が長期間にわたる場合には、上記のように別居当時の財産を

証明し難いだけでなく、相手方の親からの相続などによる特有財産を証明したくても証拠が揃わないということもあります。そのうえ、離婚自体に争いがなく、争点が財産分与などの経済的条件に絞られていることから、証拠がないものについて一切譲らないとする傾向も強いように思います。

　財産分与が主な争点となる場合には、感情的な対立から生じる事実の主張合戦のようなことは少ないものの、証拠の有無が結果に大きく影響するため、関係する証拠が残っていないか丁寧に聴き取りを行い、その上で弁護士としてできる限りの手段を尽くすべきでしょう。

> 体験談 2

不動産の評価って……

弁護士 7 年目　女性

寝耳に水の離婚申立て

　妻から離婚調停を申し立てられたものの不調に終わり、訴訟になったところで夫から相談を受けました。
　夫婦関係は特に大きな揉めごとなどもなく、子どもは結婚して独立している状況でした。そのようなときに妻から突然に離婚してほしいと迫られ、夫が驚いて何も対応できないままに、離婚調停が申し立てられたうえ、妻からは財産分与として自宅不動産がほしいと要求されたとのことです。夫は、調停でもどうしてよいかわからずに何も対応できないうちに不調に終わり、訴訟を提起されたということでした。
　この夫婦には、ともに預貯金がほとんどなく、財産分与の対象となる主なものは、夫の将来の退職金（見込み額）と夫名義で購入した自宅不

動産くらいでした。夫は、離婚はやむを得ないと考えているようでしたが、妻から離婚を言い出したのだから、離婚したいのであれば勝手に出ていけばいい、何も渡すつもりはないと言っていました。

将来の退職金と自宅不動産

　しかし、離婚となれば、当然、財産分与はしなければなりません。夫は、自宅不動産の住宅ローンを払い続けていたこと、妻から突然に突き付けられた離婚で自分自身の生活環境を変えるモチベーションがなかったことから、離婚後も自宅不動産に住み続けることを希望していました。
　上記のとおり、主な資産は、夫の将来の退職金（見込み額）と自宅不動産のみです。夫が自宅不動産を保持するとなると、別居時における退職金見込み額の半額と自宅不動産の評価額の半額に相当する金銭を妻に支払わなければなりません。退職金見込み額の半額だけでも700万円程度ということで、夫は、勤務先に退職金の前借りを頼みましたが、せいぜい200万円程度しか借りられないようでした。自宅不動産を売却して財産分与に充てることも検討しましたが、田舎の土地建物でそれほど大きな資産価値は見込まれず、売却すると今後は住居費が大きくかかることも勘案すると得策ではありませんでした。
　夫が財産分与で支払うべき資金について工面の目途がついていませんでしたが、私は、とりあえず、夫の希望に従って、自宅不動産の取得を主張しました。

不動産の評価って……

　そうすると、争点は、自宅不動産の評価額ということになります。
　前述のとおり田舎の土地建物でそれほど大きな資産価値は見込まれませんし、費用をかけて正式な不動産鑑定をすることが適当ではないこと

は明らかでしたので、お互いに、不動産の評価についてはある程度のところで合意をしようという暗黙の了解のようなものがありました。

　私は、近所の不動産屋で簡単な売却価格の査定書を作成してもらいました。不動産屋に低い価格でも構わないと口添えしたところ、1,200万円程度という、本当に低廉な価格が提示されました。そのため、裁判所に対し、実勢価格は1,200万円程度であると主張しました。ただし、この時点では、まだ夫と妻のどちらが自宅不動産を取得するか確定していませんでしたので、さしあたり査定書を書証として提出することは控えていました。すると、妻は、自宅不動産の価値はもっと高額であると主張し、書証として査定価格を1,600万円とする査定書を提出してきました。

　その後、自宅不動産の評価についての主張は平行線のままでしたが、仮に夫が自宅不動産を取得した場合に妻に対して財産分与の給付金を支払えるのかという問題が表面化しつつありました。そのため、私は、内心では、このまま判決になると、自宅不動産を妻に取得させる結果になる可能性が高いのではないかと推測していました。

華麗なる主張変更？

　そのようなとき、夫の両親が新たに自宅を購入し、夫に対し、将来的に両親の面倒を見るためにも同居してほしいという要望が伝えられました。夫としては、財産分与の給付金の工面に苦慮していたこともあって、この要望を受け入れることとし、結局、夫は、自宅不動産を妻に譲って手放す決意をするに至りました。

　こうなると話が変わってきます。

　私は、夫から妻に財産分与として自宅不動産を譲るので、むしろ自宅不動産の評価額と財産分与すべき金額との差額を妻から夫に支払えという主張に変更しました。元々は、自宅不動産の評価額は1,200万円程度と主張していましたが、幸い、この主張に沿った書証である査定書の提

出は控えていたので、妻が主張していた1,600万円という評価額の主張に乗っかって、同額を主張するように変更しました。妻も慌てて、自宅不動産の価値はそれほど高くないと主張を変えてきましたが、後の祭りです。

　最終的には、当事者間で自宅不動産の評価額に折り合いがつかず、判決となりましたが、妻が最初に書証として提出していた自宅不動産の価格を基準として財産分与の金額が認定されました。

　夫としては、多少多めの現金を得ることができたので、一応、離婚にも納得して控訴もせずに終わりました。

　仮に、当初の主張の段階で、当方が自宅不動産の査定価格が1,200万円である旨の査定書を書証として提出していた場合には、裁判所の心証は違ったかもしれません。何かと理由をつけて自宅不動産の評価についての書証の提出を遅らせておいてよかったなと思いました。

体験談3

財産を保全しておかないと

弁護士8年目　男性

気の優しい女性の依頼者

　依頼者は、とても穏やかで気の優しい女性でした。心に少し問題を抱えている夫からのDVに耐え続けていましたが、手術入院を前日に控えたある晩、夫から激しい暴力を受け、警察沙汰になりながら着の身着のままで逃げ出すように別居を開始しました。退院後、長男・長女の勧めもあり、長男・長女に連れられて離婚の相談に来られました。

　夫婦共有財産について聴き取りをすると、不動産や預貯金、証券など

かなりの金額の財産が夫の名義で存在するようでした。依頼者は、人を疑うことを知らない様子で、むしろ夫への感謝の気持ちまで口にしていましたが、長男・長女によれば、夫（長男・長女にとっては父親）の精神状態を勘案すると何をするかわからないとのこと。長男・長女の話を前提にするのであれば、夫名義の財産について仮差押えをすることも検討しましたが、数百万円はかかるであろう担保金をどうやって工面するかという問題もあったことから、さすがに不動産を売却することはないだろうと考えて、まずは協議離婚を企図し、弁護士である私から手紙を出して夫の出方を見ようということになりました。

驚きの財産移転

　夫にはすぐに代理人弁護士が就任したものの、互いの意見は平行線で協議は全く整わず、事前に想定したとおり、調停申立てに至りました。
　ところが、第1回調停期日に出頭してビックリです。
　不動産はすでに次男の名義になっていました。登記が移転されたのは手紙を出してからわずか数日後のことです。資産隠し・執行逃れであることは明らかでした。夫は、開き直ったように、二束三文の離婚給付での離婚を提案してきました。あの気の優しい依頼者もさすがに怒りを隠さず、そうであればと遅ればせながら証券会社口座等に対する仮差押え申立てをすることになりました。しかしながら、案の定、時すでに遅し。証券口座は解約され、押さえられたのは少しの預金のみでした。
　その後、数度の調停期日を重ねました。調停期日では、毎回、財産の開示の要求、開示内容が不十分な場合の指摘、解決案の提示、というやり取りの繰り返しでした。夫に対する財産の開示要求が空振りになる度に、夫はしたり顔、私は焦るばかり。依頼者は、状況が飲み込めず、呆然としています。ほぼ毎回の調停期日の待ち時間の間、私は、依頼者に財産分与の基準時の概念を説明しましたが、まったく頭に入って来ないようでした。裁判所に言えば、散逸された夫名義の財産を元に戻してく

れると信じたい、そういった様子でした。私自身も悔しくてたまりませんでしたが、仮差押えを先行すればよかったと思っても、後悔先に立たずです。

結局、夫の態度は終始変わらず、調停は不調になりました。

夫も、離婚することについては異存がなかったため、訴訟では財産分与だけが争われました。基準時における夫婦共有財産の範囲や、その評価をどうするかということについて双方主張することを裁判官から求められましたが、夫はほとんど協力せず、夫側の財産一覧表を完成させるのにも一苦労でした。その後の裁判所からの和解勧試にも、夫は態度を変えようとせず、むしろ訴訟に至り、主張の支離滅裂さは磨きを増し、もはやどうしたいのか混迷を極めていました。

判決となれば、基準時に存在した財産を前提にかなりの金額の財産分与が認められる案件でしたが、既に夫は財産のほとんどを隠匿してしまっています。せっかく判決をもらっても回収できず、絵に描いた餅になりかねません。裁判官には、多少金額が目減りしても、和解で解決したいと伝えました。

最終的には、裁判所からの強い勧めがあったことと、被告代理人弁護士がおそらく相当に頑張っていただいたであろうことから、それなりに満足できる金額を支払ってもらう内容で和解が成立しました。しかし、夫の財産の仮差押えをしておけば、判決をもらいさらに多額の財産分与を受けることができたかもしれませんし、夫ももっと早く抵抗を諦めて早期に解決できたかもしれません。仮差押えについては、状況によっては、多少の無理をしてでも担保金を用意して断行するくらい重要なものであると痛感しました。

なお、依頼者と長男・長女からは大変に感謝していただき、恐縮至極でした。

ワンポイントアドバイス

◎ 財産分与では、まずは資産の調査が必要となります。別居が長期間に及ぶなど、相手方の資産を把握することが困難な場合がありますが、弁護士の創意工夫により手を尽くすことにより、よい結果を導くことができる場合があります。

◎ まれに資産を隠そうとする当事者がいますので、必要に応じて、保全手続を検討することも忘れてはなりません。

◎ 財産分与における争点の主要なものとして、自宅などの特定の財産を当事者のいずれに帰属させるか、そして、当該財産の評価額をどのように定めるか、というものがあります。評価額についての主張は、当該財産を当事者のいずれに帰属させるかによって大きく影響を受けますので、財産の帰属について方針を固めておく必要があります。当事者の中には、当初は感情的に自己への帰属を主張するものの、その後に冷静になって態度を変える方もいますので、よく協議しておくことが重要です。

□ 待合室での会話

　1回の期日に長時間を要する家事調停では、待合室で1時間以上待機させられ……という事態に陥ることも少なくありません。待合室で待機している間の依頼者とのコミュニケーションは、依頼者との信頼関係を強める絶好の機会だと思います。とはいえ、事件のことをどこまで話してよいのか……、事件の内容以外に何も会話が出てこない……、待機時間中にほかの事件の起案をしたい……、などという思いをした方も多いのではないかと思います。

■事件の話はどこまでしてもよい？

　まず、調停室で調停委員や裁判官が話していた内容について依頼者が理解できていない点があれば、待合室で待機中に説明を行う必要があると思います。また、調停委員や裁判官の態度から推測できる裁判所の心証や、今後の見通しなどについても、説明をしてあげることが大切です。ただし、待合室には他の事件の当事者や代理人らも待機しているので、どこで誰が話を聞いているかわかりません。

　他の人に聞かれたとしても守秘義務及び依頼者のプライバシーに問題が生じない表現（固有名詞は伏せておく等）を意識すべき場合もあり得ます。あまり事件に関する会話を長く続けていると、話を聞いている周囲の人が事案を把握できてしまう可能性がありますので、会話の流れをみて、事件とは全く関係のない別の話題に切り替えることも必要でしょう。

■事件の内容以外に何を話せばいい？

　家事調停の待合室を見渡すと、涙を流している当事者、相手方の対応に怒り大声を上げている当事者を見かけることがよくあります。あなたの依頼者も、おそらく調停は初めての経験でしょう

から、少なくとも緊張していることは間違いありません。調停室でも、言いたいことを自分の言葉で表現できていない可能性があります。

その場合は、時には事件とは関係ない会話をし、依頼者を精神的にサポートしてあげるのも手です。事件以外の内容であれば、時事ネタ、趣味の話、芸能人の話、場合によってはお子さんが夢中になっているものが何かを尋ねるのもよいかもしれません。私の経験上、小さいお子さんを監護している依頼者との会話では、「アンパンマン」、「プリキュア」、「きかんしゃトーマス」、「仮面ライダー」などの話は盛り上がることが多いです。また、弁護士もののドラマがよくテレビで放送されていることもあり、弁護士業界の裏話なども雑談として盛り上がることがあります。

なお、私は過去に、待合室で待機中、依頼者との会話がなくなり沈黙が続いたため、むしろ依頼者の方から積極的に話題を提供されたこともあります。依頼者に気を遣わせてしまって申し訳ない気持ちになるとともに、もっと会話のスキルを身につけなければと反省したことがあります。

依頼者も、弁護士との会話がない状態に気まずさを感じている可能性があります。依頼者に気を遣わせないよう配慮が必要です。

■待機時間に別事件の仕事をしてはダメ！？

家事調停期日が午後の場合、13時30分から夕方まで調停に時間を取られてしまい、結局半日が期日で終えてしまうことがよくあります。特に仕事が溜まっている時期だと、どうしても「待機時間中は別事件の仕事をしたい……」、「溜まっているメールの返信をしたいな……」などという考えに至ってしまいますが、余程緊

急な案件ではない限り、別事件の仕事をするのは控えるべきでしょう。依頼者も、頭では弁護士が忙しいことはわかっているでしょうが、頼んでいる弁護士が目の前で別事件の仕事をし始めたら依頼者がどのような気持ちになるかを考えれば当然のことだと思います。

　恥ずかしながら、私は過去に、依頼者から「先生、お忙しいでしょうから私のことは気にせず仕事しててください」と言われたことがあります。余程、別事件の仕事をしたそうな雰囲気を出していたのでしょう。依頼者にここまで言われることがないように気を付けたいものです。

Method 09 | 有責配偶者

▶ どれだけ"誠意"示せますか？

――好むと好まざるとにかかわらず、不倫をしている側、いわゆる有責配偶者から離婚をしたいとの依頼を受けることもあることだろう。弁護士としては、難しい立場に立たされるわけだが、先輩弁護士はどのようにして対応しているのだろうか。

体験談1

すぐに棄却しますが……

弁護士10年目　男性

なぜだかわかりませんが……

　私の場合、なぜだかわかりませんが、明らかな有責配偶者からの離婚の相談を受けることが非常に多いです。しかも、男性ばかり。どうしてでしょうか。
　相談者はみんな同じようなことを言います。いわく、「好きな人ができたから離婚したい」と。

まずは、妻にバレていないかを確認します。バレていなければ、仮にバレたら非常に難儀であることを最高裁の理論を基にゴニョゴニョと説明します。そして、何か離婚原因があるのか、なければまずは別居期間を重ねつつもある程度思い切った金額の給付提案ができるのかを尋ねます。そのうえで、協議、調停及び訴訟の各手続について順次説明していきます。
　厄介なのは、妻に恋人の存在を伝えたうえで、高圧的に離婚を請求したが同意してくれないので、何とかしてほしい、と言ってくる方です。最高裁の理論を伝え、法律論になる前に平身低頭、離婚をお願いしてください、とアドバイスするほかありません。
　妻に隠しているつもりでも、知られているケースでも「自分ではどうにもできないので」と言われ、弁護士としては手の打ちようがないものの、対応窓口になるという趣旨で受任に至ることも、そこそこあります。
　まずは、妻に手紙を出し、妻本人やその両親はもとより、場合によっては依頼者の両親からも非難を受けながら耐え、何とか条件闘争に持ち込みます。任意協議に持ち込めなければ調停ですが、成立に至るのは半数くらいでしょうか。
　不成立となってしまった後、訴訟に持ち込むかは悩みどころです。依頼者には、裁判所は紋切型の判断なので絶対に勝てないこと、本気度を示して翻意を促すという意味合いくらいしか期待できない旨を説明し、敗訴を覚悟してでもやるかどうかを決断してもらいます。

すぐに棄却しますが……

　とある訴訟では、第1回口頭弁論で裁判官がいきなり「棄却しますが、よいですか」と言うではありませんか（汗）。慌てて「和解希望ですので、少し待っていただきたい」と伝えて何とか踏みとどまり、主に裁判期日間に代理人交渉をすることになりました。
　すると、調停段階では一切首を縦に振らなかった被告（妻）が、具体

的な条件があれば聞くだけは聞くと言われました。一見すると軟化したようにも思えますが、まだ楽観できません。依頼者と鋭意検討したうえで条件を被告代理人弁護士に伝えました。

しかし、後日、被告代理人弁護士からは、とんでもない金額の対案が提示されてきました。依頼者には「ここまでしてでも今すぐ離婚したいかどうかです」と判断を委ねたところ、依頼者は「もう少しだけ金額を下げてもらえば借入れをしてでも支払う」とのこと。

その後数度の裁判期日は、裁判期日間の交渉経過を報告するだけの期日になりましたが、タフネゴシエーターである被告代理人弁護士との裁判期日間の交渉を幾度となく重ね、何とか和解成立に至りました。

結局、依頼者が支払った金額は5億円以上でした。

苦労した割には、依頼者からはさほど感謝されるわけでもなく、ただただ被告代理人弁護士が羨ましくて仕方がない、何とも後味の悪い訴訟でした。

> 体験談2

被害者意識を緩和する

弁護士5年目　男性

まずは、被害者意識の緩和を

ある男性から、妻と別れたいとの依頼を受けたときの話です。依頼者は、いわゆる有責配偶者であり、諸般の事情により、調停を起こすことなく、可能な限り任意交渉で解決を目指すことになりました。

有責配偶者から離婚を求める場合には、相手方である配偶者が強い被害者意識を持っており、全く交渉に取り合ってもらえない（歩み寄りの

糸口が見えない）ということは、よくある話だと思います。この事件でも、妻は、非常に強い被害者意識を持っており、夫が全ての要求をのんで、罪を償うことが当然であり、自分自身が歩み寄る理由は一切ないと考えているようでした。

　また、妻は、現在の生活が既得権益であるかのように、現在居住している自宅不動産で居住を継続すべく、夫が2,000万円強の住宅ローン残高を完済したうえで、所有権を移転することを求めてきました。

　しかしながら、依頼者には、住宅ローンを完済するほどの資力がなく、また、お金を貸してくれるような知り合いもいなかったので、妻の要求に応えることはできませんでした。そのため、妻の代理人弁護士には、住宅ローンを一括で返済することはできないと伝えましたが、住宅ローンの完済を求める姿勢に変化はなく、妻は、闇金から借りればよいではないか、などと無茶な主張をしてきました。こういった、無茶な主張はそれだけを見ると相手方の常識を疑いたくなるところですが、多くの場合、非常識な人物なのではなく、要は離婚を拒絶しているということなのです。

　そこで、私は、まずは、何とかして妻に離婚自体に納得してもらうために、寄木細工の箱を開けるかのごとく、少しずつ進めていくことにしました。

　最初の段階としては、夫の全ての財産を開示して、どうやっても住宅ローンを一括で返済できないということを妻に真に理解してもらうことにしました。妻が、こういう財産もあるのではないかと疑う度に、そのような財産が存在しないことを説明し、妻が納得できるような資料を開示するというやり取りを繰り返しました。このように誠実に1つずつ対応するうちに、妻も夫の財産状況を理解し始めました。

　また、同時並行で、妻が夫に対して抱いていた疑念を1つずつ説明していきました。そうするうちに、妻は、夫が嘘をついて財産を隠したりしていないこと、自分自身に誤解があったことを認識し始めたようで、妻の態度が少しずつ軟化してきました。

　しばらくすると、妻から離婚を前提とした主張がなされるようになり

ました。第一段階の突破です。なお、この主張については、口頭ではなく書面で送ってもらえるようにお願いしました。万が一、どうしても条件面の折り合いがつかずに、調停を申し立てることになった場合を想定して、妻も任意交渉の段階で離婚を前提に考えていたという資料をつくっておきたかったからです。

条件面は、合理的な根拠を示して

　次に、第二段階として、金額面でどのように折り合いをつけるかです。いろいろな手段を試み、自宅不動産を売却することも条件次第では応じるとの合意までは何とか得ることができたのですが、その先の金額交渉が難航し、膠着状態になりました。

　この夫婦には、子どもはいませんでしたが、別居期間も長くはありませんでしたので、もし訴訟にまで至り、離婚原因の有無を争うことになった場合には離婚が認められない可能性が高かったため、多少の金額を上乗せしてでも何とか協議離婚を成立させたいという思惑がありました。他方で、妻としても、闇雲に引き延ばして別居期間が長期化すると裁判上の離婚が認められかねないという思いがあったように思います。

　そこで、有責配偶者からの離婚請求が認められるまでの期間を長く見積もっても数年と考え、その期間、離婚を先延ばしにした場合に得られる利益、つまり、その期間分の婚姻費用の総額を算定し、今の時点で離婚した方がよいかもしれないと悩む程度の金額を提示しました。

　ここまでの粘り強い交渉の結果、妻にも離婚や離婚条件を経済的合理性によりで検討してもらえるようになっていたので、その後、若干の交渉を経て、無事に離婚を成立させることができました。

　有責配偶者からの離婚請求は、大きな困難を伴いますが、有責配偶者である依頼者にハードルの高さを理解してもらったうえで、相手方には、できるだけ感情論にならないように、離婚を前提としながらも、誠実に交渉することが重要だと思いました。

ワンポイントアドバイス

◎　有責配偶者からの離婚請求の依頼においては、まずは、依頼者に、離婚には配偶者の同意が必要であり、自分の希望だけでは離婚できないという事実をよく理解してもらいましょう。

◎　「それを何とかするのが弁護士だろう！」と言われるかもしれませんが、それを何とかするには、依頼者の「誠意」、すなわち配偶者の同意を得るための努力と大幅な経済的負担が必要だということを理解してもらうべきでしょう。

◎　有責配偶者の代理人となるということは、弁護士としても、さまざまな批判の矢面に立つことになる可能性があるということを覚悟しておく必要があります。

◎　弁護士にとって、できるだけ淡々と進めるというのがストレスを回避しつつ、交渉を進めるコツとなるかもしれません。

Method 10 離婚慰謝料

▶ 依頼者に期待させるな

――芸能人の離婚慰謝料などに関する報道の影響だろうか、依頼者や相手方本人が想定している離婚慰謝料は、実際の相場よりも随分と高い水準であることが多いようである。こうした認識ギャップがある中で、先輩弁護士はどのようにして慰謝料問題を解決しているのだろうか。

体験談1

法外な慰謝料請求には訴訟がおすすめ

弁護士10年目　女性

　お互いに若くして結婚したためか、結婚から1年弱で妻が家を出てしまい、子どももいなかったことから、そのまま離婚となった事案の話です。
　無事に離婚したまではよかったのですが、その後、元妻から2,000万円の慰謝料を請求するとの書面が届いて、驚いた依頼者が私のところに相談に来ました。
　その書面には、元夫は、婚姻前・婚姻期間中にわたって、男女の区別なく淫らな行為をしており、それによって婚姻生活を継続できなくなっ

たので慰謝料を請求するという趣旨のことが書かれていました。依頼者とは、婚姻生活が1年にも満たないのに2,000万円の請求はいくらなんでも法外であるし、元妻も本気で2,000万円の請求が妥当とは思っていないだろうと話していました。むしろ、元妻が家を出ていくときに夫婦の預貯金を全て持って行ってしまったのでそれを財産分与として請求してはどうかと話していたくらいです。

　また、依頼者は、離婚原因は性格の不一致であり、自分の性癖が原因ではないと言っていました。確かに、婚姻の前後を通じて喧嘩は絶えなかったようですし、実際のところは、性格の不一致が離婚の原因であったのかもしれません。しかし、依頼者の性癖にも相応にインパクトがありました。掲示板等で知り合った不特定多数の男女と性的交際関係があったようですし、元妻は、別居する際に、その証拠となるメールのやり取りが記録されている依頼者の携帯電話を持ち出しているようでした。仮に、訴訟となって、依頼者の派手な性的交際関係が明らかになると、ある程度の慰謝料が認められてしまうかもしれません。そこで、訴訟を回避するためにも50万円〜100万円程度の慰謝料を払ってでも解決してしまおうという方針となりました。

お互い、こんな訴訟、やりたくないですよね

　元妻の代理人弁護士と任意交渉を開始したところ、やはり、元妻は依頼者の性癖に関する大量のメール履歴を証拠として保有しているということでした。携帯電話のパスワードなんて、夫婦間では、大概、解読されてしまうのですね。

　当方としては、離婚の原因は、元夫の性癖が判明したことではなく、単に性格の不一致であると主張し、他方で、訴訟を回避する観点から、数十万円程度であれば支払って解決する意向がある旨を伝えました。

　元妻の代理人弁護士も、さすがに2,000万円の慰謝料請求には無理があると理解していたようで、当方の提案に対し、慰謝料の金額をもう少

し上げてくれれば何とか元妻を説得したいとのことでした。

　婚姻期間1年未満の離婚で100万円を超える慰謝料はいかがなものかと思いましたが、依頼者も訴訟を回避して早く解決したいという意向でしたので、150万円まで増額して提案しました。

　元妻の代理人弁護士もこの内容で説得してくれたようでしたが、結局、元妻が納得しなかったため、交渉は決裂し、訴訟に移行しました。

こんな事件の尋問、裁判所もやりたくないですよね

　さて、訴訟に移行すると、早速、元妻は、証拠として元夫のメール履歴を提出してきました。厚さ10センチメートルに及ぼうかという大量な書証です。

　裁判官は、当初、あまりにもインパクトある元夫のメール履歴を見て、被告である元夫がある程度の高額な慰謝料の支払いをすべきという心証に傾いている様子でしたが、当方から、離婚理由は性格の不一致にすぎない旨を強く主張し、離婚に至る経緯を丁寧に主張したところ、相応に理解を示してもらえるようになりました。しかし、やはり裁判所は、性的問題があると非を向ける傾向が強いようで、婚姻期間1年未満にもかかわらず、当方に一定の慰謝料の支払いを求める方向で心証を形成しているようでした。

　和解協議にあたり、当方としては、任意交渉の段階で150万円を提示していたのは、あくまでも訴訟回避の目的があったからであり、訴訟に至った以上は150万円の支払いは容認できないと主張していました。一方で、依頼者は絶対に本人尋問をやりたくないと言っていました（あんな恥ずかしい内容の性的関係をつまびらかにするような本人尋問は誰だってやりたくないでしょうし、尋問する側の私だって勘弁してもらいたいです）ので、内心では何とかして和解で解決したいと考えていました。

　当方の提案に対し、裁判所からは、尋問までは行わずに解決するメリットを考えて何とか150万円の支払いで解決させないか、という和解勧

試がありました。当方としては、元々150万円までは支払いを覚悟していましたし、上記のとおり何とか和解で解決させる方針でしたので、一応、最大限の譲歩であるような様子を装いながらも、裁判所の和解勧試に乗る旨の返答をしました。

　元妻の代理人弁護士も、そもそも判決になった場合にはたいした金額は期待できないとわかっていたようですし、私と同様にこんな内容の本人尋問をすることに抵抗がある様子でしたので、元妻を和解期日に同行させて、裁判官と一緒に必死に説得してくれたようでした。

　結局、裁判所の提案のとおり、元夫が元妻に慰謝料150万円を支払う内容で和解が成立しました。この事件で150万円の慰謝料は高額であったと思いますが、離婚原因だったかどうかは別として、派手な性的交際関係を続けていた依頼者にも落ち度がないわけではありませんし、何より依頼者も本人尋問を回避したうえで解決ができたことで納得していました。

　法外な慰謝料を請求された場合には、結局は訴訟で解決するのが早いと感じた事件でした。

体験談 2

一旦、もらえると思ったら

弁護士 9 年目　女性

1,000万円の慰謝料？

　不貞をして自宅を出て行った夫の方から離婚したいと離婚調停を申し立てた案件で、私は、調停事件の途中から、妻の代理人をすることになりました。

夫は、弁護士に依頼していなかったのですが、自身の不貞関係は認めていて、訴訟になれば離婚できないであろうことも理解しているようでした。何とか調停で話をまとめたいと必死になっており、「離婚さえできれば構わない、慰謝料はいくらでも支払う」と妻に言っていたようでした。
　妻の説明によれば、その金額は1,000万円というもので、妻はこれまで弁護士なしに調停を進めてきたものの、最後の調停条項を詰める段階で弁護士の助力を得たいということでした。
　私としては「離婚慰謝料で1,000万円も支払うとは随分と豪気だなあ」と思うとともに、「本気かしら？」ともチラッと思いましたが、何回も調停期日を重ねて夫がそう言っているのであれば、そうなのだろうと理解し、私の仕事は、細かい調停条件の詰めを行って調停条項をまとめることという前提で受任しました。

やっぱりそんなに払えません

　ところが、いざ調停期日に出向いてみると、夫は「やっぱり1,000万円などという大金は用意できない」と言い始めるではありませんか。弁護士としては「それはそうだろう」とも思いますが、依頼者である妻は激怒しています。
　「これまでの調停期日で、自分から1,000万円支払うと言ったではないか」と憤慨する妻に、私は「離婚事件ではあのときこう言った、こういう約束をしたなどといっても、いざ条項にする段階になって、やはり無理だと言い出すことはよくあることです。そもそも、1,000万円という金額は夫の収入からして無理な金額だと思いますよ」と言って説得し、金額の再検討を試みました。
　ところが、この事件では、これまでの調停期日において、調停委員が「1,000万円も慰謝料を支払うなどということは通常ないことだから、この金額で離婚すべきだ、すぐにまとめた方がよい」として多少強引に調

停成立に誘導したという経緯があったようでした。そのため、妻は、調停委員に対しても強い不信感を抱いてしまい、「裁判所が、夫が1,000万円支払うから離婚に応じた方がよいと勧めておきながら、次の調停期日でなぜ180度ひっくり返るのか」と、どうにも収まらない様子でした。

　結局、その調停期日では、私の「一旦、持ち帰って、実現可能な対案を提案しましょう」との説得を受けて、一応は「わかりました」と言って引き下がったものの、次の調停期日になると、やはり「この前、1,000万円払うと言った、裁判所もそれで和解しろと言った、それなのになぜ1,000万円がなかったことにされているのか」という話に戻ってしまいます。

　挙句には、私に対しても「かつて裁判所が1,000万円で和解しろと言っていたのだからこちらとしては押し通すべきだ。なぜ私の弁護士なのに裁判所に押し通してくれないのか」という不満をぶつけられるようになり、結局、私は解任されてしまいました。

　そもそも自身が被害者であるという意識のある側からすれば、慰謝料は当然に高額なものになると想定しているようで、これを現実的な水準でまとめることはとても大変です。

　ましてや、相手方や調停委員の言動によって、一度でも、慰謝料の具体的な金額イメージができてしまうと、そこから減額した金額で決着させることは至難の業です。この事件が実際にはどのように決着したのかについては、解任されてしまった私としては知る由もないのですが……。

ワンポイントアドバイス

◎　離婚慰謝料については、当事者は、実際の相場よりも非常に高い金額をイメージしていることが少なくありません。裁判上認められる慰謝料の相場を実際の裁判例を示しながら、丁寧に説明するなどして認識のギャップを埋めていく必要があります。

◎　当事者の中には、離婚したいが故に、あるいは、売り言葉に買い言葉で「慰謝料を払う」と言ってしまう方もいるようです。こうした言葉を撤回したり、減額提示することは簡単ですが、相手方の感情を収めて納得を得るには苦労することが少なくありません。依頼者には安易な提案をしないようにアドバイスするとともに、金額提示にあたっては、単に相場に従うだけではなく、具体的な支払原資の有無を確認のうえで提示するようにしましょう。

◎　「お金（金額の問題）ではない」とはよく耳にする言葉ですが、金額がどうでもよいという意味ではありません。あくまでも、金額だけの問題ではないという意味であり、合理的な金額の提示なくして解決できるわけではありませんし、逆に、高額な慰謝料を支払えば何でも解決できるというわけでもありません。支払う側、受領する側のどちらの場合も、合理的な金額を念頭にある程度の幅を持って慰謝料の交渉に臨むようにしましょう。

□ ある弁護士の雑感（その３）

「先生、離婚事件は辛くないですか？」

はい。離婚事件は、決して楽な仕事ではありません。そもそも、当事者（夫婦）同士で協議離婚できるようなケースは、弁護士が受任する仕事になりません。ですから、おのずと感情の対立の激しい事件がやってくる傾向があります。そうすると、否が応でも離婚事件特有の感情の波を浴びることになります。

事件が解決し、依頼者からお礼のお言葉をいただけることは大きな喜びです。しかし、私の場合、離婚事件が終わるたび「ああ、もう離婚事件はやりたくない！」と思ってしまいます。

「離婚事件をやっていると結婚願望はなくなりませんか？」

あんなに愛し合っていたのに。永遠の愛を誓った（であろう）２人は、さまざまな原因で離婚に至ります。

原因は、浮気、家庭内暴力といったものから、ギャンブル、浪費癖、金銭感覚の違い、配偶者による特有財産の使い込み、子どもの教育方針、実家との折り合い、食事の好み、性生活、趣味……なかには、なぜ結婚前に気が付かなかったの？　というものまで多種多様です。弁護士は、依頼者からそうした原因の生の声を聴取します。すると、結婚そのものに幻想を抱かなくなります。物語のように『こうして２人は末永く幸せに暮らしましたとさ』というようには、そうそう上手くいきません。

しかし、結婚願望はなくなりませんでした。さまざまな離婚事件に直面していたからこそ、好きで結婚した配偶者と末永く仲良く暮らしたいからこそ、「結婚後、自分が同じ原因をつくらないように注意しよう」と考えるようになりました。

ただし、結婚後「帰りが遅い」、「土日祝日も出勤」は避けられていません……。

Method 11 養育費・婚姻費用の算定表

▶ 算定表、過信するべからず

――婚姻費用や養育費を決定するにあたって忘れてはならないのが、算定表。東京家裁・大阪家裁をはじめとして、広く活用されている。では、これさえあれば、婚姻費用や養育費の金額決定に争いが生じることはないのだろうか。

> 体験談 1

婚姻費用に上限額はあるのか？

弁護士6年目　男性

婚姻費用は算定表で上限額が決まっている？

　ある日、ボス弁から新件の担当を任されました。依頼者は男性で、最近別居を開始したが、妻に代理人弁護士が就任し、婚姻費用分担の調停を申し立てられたので、相談に来たとのことでした。
　事前検討の段階では、婚姻費用については算定表を基準として交渉を進めればよく、問題は、その先の離婚をどうするかだなと私は思ってい

ました。
　ところが、初回の打合せに臨んだところ、なんと依頼者の収入は算定表の上限である2,000万円を大幅に上回っており、妻からは月額120万円の婚姻費用の支払いを求められているということでした。月額120万円といえば、私の月収の倍以上です。
　ボス弁は、依頼者に対し、「算定表で上限が決まっているので、その上限額でまとめていきましょう」と簡単に言い、その後の事件対応は全て私に任されました。参考までに、2人の子どもがいて、その子どもがいずれも15歳～19歳の場合、算定表に記載されている婚姻費用の最高額は42万円となります。他にも、子どもの私立学校の費用など特別出費の問題はありましたが、依頼者は、算定表に記載された最高額である42万円であれば支払えるので、その内容で交渉してほしい、ということでした。その日の打合せはこれで終了となりました。

裁判所の見解は……

　迎えた婚姻費用分担調停の第1回期日において、こちらからは算定表の最高額である月額42万円であれば支払うことを検討できる旨を回答しました。それに対し、妻は、同居時に支払われていた金額が120万円だったと主張し、それと同額の婚姻費用の分担を求めてきました。双方の提示金額に相当な開きがあったため、この日は協議が進まず、裁判所からは、双方とも書面により主張を明らかにするように指示がありました。
　こちらからは、婚姻費用の分担義務は、生活保持義務として権利者に義務者が営む生活と同程度の生活を保持させるものと解され、一定の収入を超える場合には、たとえ収入が高くなってもそれに応じて生活費まで増大するわけではない旨を主張し、婚姻費用は算定表に記載された最高額を上限に考えるべきであるという内容の書面を作成し、裁判所に提出しました。実際、裁判例には、年額2,000万円を優に超える場合に、収入の全部を婚姻費用に充当するとは考え難く、2,000万円を超える部

分については資産形成に充てるとみることもできるとして、婚姻費用の算定にあたり2,000万円の限度で総収入と認める判断をしているものがあります（大阪高決平成17年12月19日平成17(ラ)966公刊物未登載）。

　他方、妻は、算定表に記載された最高額を上限にすべき根拠はないとして、標準算定方式に則り、夫の収入をそのまま計算式に当てはめた金額の支払いを求めるという書面を提出してきました。

　双方が事前に書面を提出していたため、第2回期日では、裁判官が事前に検討した結果が、調停委員を通じて伝えられました。その結果は、算定表に記載された最高額を超える収入がある場合には、標準算定方式をそのまま適用することは相当ではないが、算定表に記載された最高額が上限となるという考え方は採用しないというものでした。

　具体的には、標準算定方式で用いられる基礎収入割合を、算定表に記載された最高額である2,000万円の場合よりも引き下げたうえで計算するというものでしたが、その結果導き出された金額は、算定表に記載された最高額を大幅に超える金額でした。

　その後、いろいろと主張はしたものの、裁判所の意見は、審判となった場合にも方向性は変わらないとのことでしたので、やむを得ず、裁判所が提示する係数による標準算定方式を前提としつつも、他の部分で何とか全体的な金額を引き下げることができるように方針転換することにしました。幸いなことに、依頼者も裁判所の判断であればやむを得ないと納得はしてくれましたが、当初の方針・見通しとは大きく異なる結果となり、事件が終了するまで精神的につらい思いをしました。

　第1回の調停期日の後、宿題の準備書面を作成する過程で、文献を調べるうちに、養育費については上限を設ける見解が多い一方、婚姻費用については上限を設けない見解が主流であるということがわかっていたため、依頼者には、早い段階で、こちらに有利な結論とはならないかもしれないということを伝えており、大きな問題とはなりませんでしたが、初回の相談の際に、月額42万円を上限と考えることができると安易に不確かなことを伝えてしまった（伝えたのはボス弁ですが……）のはよくなかったと反省させられた事件でした。

> 体験談2

収入は課税証明書に記載されたものだけではない

弁護士7年目　男性

一人会社の株主兼社長の収入とは？

　夫、専業主婦の妻、小学生の子どもの3人家族で、妻が子どもを連れて家を出て別居を開始し、妻が夫に対して婚姻費用の請求を行ったという事件において、妻の代理人となったことがあります。

　夫は、自身が設立した一人会社の一人株主兼代表取締役であり、会社から定額の役員報酬を得ていました。証拠資料上、明確に夫の収入といえるのはこの役員報酬だけであり、夫は、役員報酬に対する課税証明書を提出のうえ、自分の収入は役員報酬のみである、この役員報酬額に応じた婚姻費用の金額であれば支払う、という内容の主張をしていました。

　しかし、この事例では、夫は、会社名義の高級マンション（この会社の登記簿上の住所でもあります）に居住していること、会社名義の高級外車をプライベートでも使用していること、開示された役員報酬だけでは到底賄えないであろう金額の生活費を毎月支出していると思われること、などの特殊な事情がありました。

　そこで、妻の代理人である私としては、夫が会社の資産を自由に使用できる権限を有しており、かつ、実態として、会社の資産を私生活で使用していることを主張し、少なくとも会社の純利益相当額を役員報酬額に加算した金額をもって夫の収入額とみなしたうえで、算定表に従って適正な婚姻費用の額を算出すべきであると主張しました。

　これに対し、夫は、課税証明書の存在とその資料としての客観性を強調し、公の資料である課税証明書に従って婚姻費用を算定すべきという

反論を行ってきました。しかし、夫が会社の資産を私的に使用している事実の有無については、個別具体的な反論をあまりしてきませんでした。

　私は、事前の調査により、妻の主張に類似した判断を行った審判例が少なからず存在することを把握していたものの、会社に内部留保されたままの利益を夫の収入として考慮するという判断は、やはり例外的なものであって、この事件が係属する裁判所が同様の判断をするとは限らないと考えていました。そのため、依頼者である妻には、見通しは必ずしも容易ではない旨を伝えていました。

裁判所による審判の結果

　裁判所による審判の結果は、妻の主張を採用し、過去数年における会社の純利益の平均を夫の収入として加味したうえで、算定表を用いて婚姻費用を算出するという内容でした。私としては、見通しは厳しいと感じていた中で、依頼者に有利な審判結果を得ることができたため、非常に記憶に残っている事件の1つです。

　この事件では、夫は、夫が会社の資産を私的に使用しているという事実を明確に争うことはなく、この点について個別具体的な反論をしていませんでしたが、仮にこれらの主張・立証がなされた場合に、当方で夫の私的利用の事実を十分に立証できたかは疑わしいところです。また、仮に、逆の立場（夫の代理人の立場）だったとすれば、婚姻費用の算定にあたり、源泉徴収票や課税証明書といった客観的資料に依拠するだけではなく、当事者の収入や経済状況の実質を勘案したうえで、適切な反論や立証を行う必要がある事件であったと思いました。

> 体験談3

年金受給者の婚姻費用はどう算定する？

弁護士5年目　男性

定年退職を機に離婚

　近年、配偶者の一方が勤務先を定年退職したことを機に離婚するケースが増えているといわれています。
　定年退職まで長く続いた夫婦の距離感、つまり、一方の配偶者が朝から夜まで会社勤務のために家を不在にするという適度な距離感が崩れたために離婚を考えるようになるのでしょうか。それとも、以前から家庭内でのすれ違いや性格の不一致から漠然と離婚を考えていた夫婦が定年退職というタイミングで離婚に踏み出そうと考えるのでしょうか。理由はさまざまだと思いますが、定年退職を迎えて年金受給者となった夫婦の離婚においては、他の離婚事件とは少し違った面もあります。

年金受給者の婚姻費用

　ボス弁と一緒に応対したある事件の打合せ（それは離婚事件ではなく、別の事件についてのものでした）の終了後のことです。ボス弁の依頼者である女性から「Aさん、お願いしている事件とは関係ないのだけれど、ちょっと聞いていいかしら」と声を掛けられました。「Aさん」というのは私のことです。この女性は、ボス弁には「先生」と呼びかけますが、私には「Aさん」と呼びかけます。私が、この女性のお子さんくらいの歳だからでしょうか。
　さて、この女性から相談された件のことです。この女性は、離婚に向

けて別居を考えているそうなのですが、別居して生活をしていけるかを確認したいということでした。

　この女性は、随分と前から、将来の離婚を検討していたようで、以前、別の弁護士に相談をしたことがあるとのことでした。「そのとき、弁護士さんから、何か縞々表を見せてもらって、別居した場合には毎月お金をいくらもらえるのか教えてもらったのだけど、いくらだったのか忘れてしまって」とのことでした。

　別居した場合に毎月もらえる金額が書いてある縞々の表といえば、家庭裁判所で参考資料として活用されている「養育費・婚姻費用算定表」のことでしょう。早速、算定表をお見せしたところ、「そうそう、これこれ。もらっている年金の額の交わるところを見れば、もらえるお金が簡単にわかるのよね」と言いながら、算定表を指でなぞって金額を確認していました。

　しかし、ここで、前に相談した弁護士が誤って回答しているのではないかとの疑念が生じました。なぜなら、この表を使ったからといって、ひと目で年金受給者の婚姻費用を算定できるわけではないからです。ご存知のとおり、算定表には「自営」収入と「給与」収入を軸に取る表はありますが、「年金受給」の場合にはどちらにも該当しません。年金受給者の場合には、給与所得者の場合と異なり職業費が控除されませんので、基礎収入比率が給与所得者の約40％ではなく、約60％となり、その分の修正が必要になります。

　そこで、私は、「年金で生活している方の場合、サラリーマンなどと違って、スーツを買ったりしないので、その分の調整が必要なんですよ」と説明し、収入額について修正計算をしたうえで、算定表により婚姻費用を算定して教えて差し上げました。

　修正により算定される婚姻費用の額が増額されたこともあり、女性は、とても喜んで「そうなんですね。そんな話、前の弁護士さんは言っていませんでしたよ。間違えて、低い金額で納得してしまうところでした」と、大変感謝していただきました。

　その日から、この女性は、私にもボス弁と同じように「先生」と付

て呼んでくれるようになりました。

ワンポイントアドバイス

◎ 養育費・婚姻費用の算定表は、東京家裁と大阪家裁の裁判官が共同研究により作成した参考資料であり、裁判所において広く活用されていますので、基本的には、この算定表の金額幅の中で検討することになります。

◎ 算定表では、標準的なケースで考慮されるべき事項がすでに考慮されているとの前提になっていますので、算定表の金額幅を逸脱する金額を主張する場合には、算定表によることが著しく不公平といえるような特別の事情を主張する必要があります。

◎ しかし、算定表によるべきではない事例は、意外に少なくないようです。算定表によるべき事例か否かを見極めるためには、算定表がいかなるコンセプトで作成されており、どのような事例を標準的な事例として考慮しているのかを理解しておく必要があります。そして、これらのコンセプトや標準的な事例として考慮されている事例以外の事情がある場合には、しっかりと算定表によるべきではないことを主張しなければなりません。算定表を過信するべからずです。

◎ まれに資産を隠そうとする当事者がいますので、必要に応じて、保全手続を検討することも忘れてはなりません。

Method 12 | 面会交流

▶ 円滑な面会交流は
円満な解決のモト

――離婚事件において、面会交流の可否や条件が主要な争点となることは少なくない。しかし、本来、面会交流は、親子の問題であって、夫婦間のトラブルとは関係がないはずのものである。とはいえ、子どもは、夫婦の対立に巻き込まれてしまうのが常のようだ。

> 体験談1

面会交流の日数の定め方

弁護士10年目　女性

子どもに会わせろ

　専業主婦である妻が、夫が生活費を入れないことを理由として、1歳の子どもを連れて別居を始め、離婚したいと言い出した事案で、妻の依頼を受けて代理人に就任しました。

夫は、子どものためのお金もあまり出そうとしない人であったようでしたが、子どもとの面会には執着する人でした。私が受任する以前から、夫は、子どもとの面会交流のことばかり主張していたようでした。毎日のように夫から「明日会わせろ」、「子どもはお前のものじゃない」などと連絡があり、妻は肉体的にも精神的にもすっかり疲弊していました。そのため、急いで離婚調停・面会交流調停申立ての準備を始めるとともに、調停前の面会交流についても日程調整の仲介をすることにしました。

　夫には代理人弁護士は就いておらず、事務所の業務が終了した夜の時間でも夫から事務所に「明日会わせて欲しい」、「父親だから毎日でも会う権利があるはずだ」などと電話がきて、その度に面会交流の理念、あり方などを説明しました。しかし、後日また同じように「毎日会う権利があるはずだ」という電話が……という繰り返しでした。

　そんな中でようやく調停が始まり、調停委員からも面会交流について夫に説明してくれたようで、ようやく「月2回の面会を行う」という方向で面会交流の調停が成立する見通しが立ってきました。

　しかし、夫は、「決めた面会日の都合が悪くなった場合には、必ず代替日を設けること」という条件を強く希望しました。

　確かに、お互いの都合によりあらかじめ定めた日に会えなくなることは想定されますし、その場合に、互いに話し合って、別の日を設けることも特に不自然なことではありませんでしたので、私は、この条件を受け入れることにしました。私としては、むしろ、この取り決めによって、妻が、夫と子どもが会うことが子どもにとって重要なことであることをより深く理解する契機にもなるのではないかと期待したところもありました。こうして、夫の提示した条件を受け入れて、調停が成立しました。

よかれと思って入れた条項が……

　ところが、この代替日の定め方をきちんと条項で明確にしなかったために問題が生じるようになりました。

夫は、決めていた面会日に会えなくなったときはそれが当然に累積していくものだと考えていたようです。そのため、「面会予定日の都合が悪くなって会えなかった回数がすでに３回になったので、３回分の予定日を入れてください」などと求めるようになりました。

　面会交流は、定期的に行うことに意味があります。一定期間、面会が実現しなかったからといって、短期間にまとめて複数回の面会を実施することは、子どもにとって負担になることは明らかですし、そもそも「月２回」という調停条項の定め方は、あくまでも「月」に「２回」なのであって、調停条項では、「月」のうちに一度定めた日程を変更することを認めることを想定していたにすぎず、会わなかった日数が累積していくという発想で調停条項を定めたわけではありません。

　私は、夫に対し、このことを何度も説明しましたが、夫は、一向に理解しようとせず、「早く代替日を入れてください」の一点張りでした。

　幸いなことに（？）、まだ離婚調停が続いていたため、その手続内でこの話をしたうえで、再び面会交流調停を申し立て、代替日が累積するという主張は子どもの負担となるため、代替日を設ける旨の条項は削除すべきであると主張しました。結果として、この条項は削除され、その後、同種のトラブルはなくなりました。

　当事者双方のためになると思って入れた条項でしたが、結果的には、余計な争いの種になってしまい、残念な思いをした事件でした。

> 体験談2

成人した子どもとの面会交流は関係ナシ？

弁護士5年目　女性

成人した子どもとの面会交流

　子どもがある程度の年齢に達すると、面会交流をするかどうかは子どもの意思で決まります。高校生、大学生にもなれば、子ども自身の勉強や部活動などの予定もありますし、監護親が介在しなくても、子どもが自ら非監護親と携帯電話などで連絡を取り合って、会う予定を決めることができるようになります。
　そのため、私の場合、子どもがある程度の年齢に達していた場合の面会交流については、特に詳細を定めずに、子どもの意思を尊重することだけを確認し、あとは非監護親と子どもの本人同士で連絡を取り合うよう勧めて、あまり関わらないようにすることが多いです。
　しかし、過去に1件だけ、大学生の子どもの面会交流に関わったことがありました。

大学の学費をどちらが支払うか

　それは、別居をしている妻からの離婚の相談を受けた案件でした。夫に愛想を尽かし、突然、大学生の息子を連れて家を出て行ったことが始まりで、妻は夫とは二度と会いたくない、早く離婚したいと話していました。
　夫からの要望は、離婚については仕方ないが、子どもと一緒に住みたい、住めなくても定期的に会いたいというものでした。

子どもに話を聞くと、父親に接すると萎縮してしまい、言いたいことが言えなくなるため、一緒に住むのはもってのほかだし、２人で会うのも嫌だということでした。
　普通であれば、子どもが拒否しているので無理です、の一言で終わるところです。しかし、その案件では、成人した子どもの大学の学費を誰が支払うかで交渉が難航していました。父親としては、突然母親と出て行ったきり、連絡も取れない、会うこともできない息子に対し、決して安くはない大学の学費を支払い続けることに難色を示しており、成人であることを理由に支払いを拒んでいたのです。

親なら大学の学費を支払うのも当たり前？

　このことについて、子どもと話をしたところ、最初に言われたのが「親なのだから大学の学費も支払って当たり前。支払ってくれないなら、この先も父親とは一生会わない」というものでした。
　アルバイトで学費を稼いだり、奨学金を利用して大学に通っている学生は少なくありません。学費を親に支払ってもらえるのが当たり前だと思っている考え方にまず疑問を持ちました。
　また、一方で、そのように甘えた考えになってしまうのも、元々は父子の仲がよくて、幼い頃から父親の愛情を受けて育てられていたからだと窺える側面もありました。
　父親の代理人弁護士から話を聞くと、父親の方も、愛する妻子に突然出て行かれ、気持ちの整理がついていないうえ、いろいろと誤解も多く、頑なになっている節があるとのことでした。
　このような経緯から、たとえ夫婦が離婚しても親子であることは変わらないのだから、このまま父子の関係を切ってしまうのはもったいないとの気持ちが双方の代理人間で一致しました。
　そこで、父親の代理人弁護士と相談し、夫婦にも了承を得たうえで、まず私と子どもの２人で、父親の代理人弁護士から父親の現状を聞く機

会を設けることにしました。

　私は、子どもに対し、まずは、直接、父親の代理人弁護士と話をしてみるように促し、もし困ったことがあればすぐに助け船を出すことを約束しました。

　父親の代理人弁護士からは、父親もいろいろと誤解していることがあって混乱していること、そのために子どもに対してきつい態度をとってしまうことがあることなどの説明があり、さらに、第1回の父子面会の際には双方の代理人弁護士も同席して、もし父親が子どもを責めたりするようなことがあれば即時に面会を中止することを約束しました。

　この面談により、まず、子どもが父親の代理人弁護士を信頼するようになりました。そして、双方の代理人弁護士が同席してくれるのであれば心強いので、一度だけ、父子面会をしてみると言ってくれるようになりました。

久しぶりの父親との面会

　次に実施された父子と双方の代理人弁護士の4人での面会では、最初に、父親が威圧的な態度をとったために、子どもが黙ってしまい、重苦しい空気が流れました。しかし、父親の代理人弁護士が促し、父親は、突然出て行かれたうえに連絡も取れなくなり、とてもショックを受けたこと、二度と会ってもらえないものと誤解し、そのせいで暴言を吐いてしまったかもしれないなどと素直な気持ちを話して、謝罪しました。

　これを受けて、子どもも少しずつ心を開き、自分も、誤解を与えるような態度をとってしまったことについて謝罪しました。

　それからは、我々代理人弁護士の存在は不要でした。長期間、一切連絡を取っていなかったとは思えないくらい、父子2人で話が盛り上がり、最後には互いの連絡先を交換して、次は、2人で会うことを約束していました。

父子の関係が修復した後は、子どもの学費問題も夫婦間で折り合いがつき、離婚までスムーズに進みました。

　父親の代理人弁護士とは、お互い、成人した子どものことは離婚の本筋とは違うと考えていましたし、ここまで関わったことはありませんでしたが、結果的にうまくいってよかったと喜び合いました。

　今では、父子２人で飲みに行き、学校や将来のことなどいろいろと話がつきないそうで、一緒に住んでいた頃以上によい関係を築いているそうです。

ワンポイントアドバイス

◎　面会交流においては、何よりも、子の福祉に従って考える思考が必須となります。離婚の当事者である父親・母親にこのことを説明すると、どなたであっても頭では理解していただけます。しかし、問題は、何が子の福祉に適うのか、どうすれば子どものためになるのか、という具体的な問題になると、必ずしも冷静に考えられないようだということです。父親・母親を問わず、子の福祉を、自分の都合のよいように解釈する傾向があるようです。

◎　面会交流のルールの定め方には、いくつかの定型があります。定型の条項は相応に考えられてつくられていますが、案件ごとのニーズを反映した、きめ細やかなルールを策定するのがよいでしょう。ただ、特別なルールを策定する際には、後のトラブルを引き起こさないように細心の注意を払ってつくる必要があります。

◎　ある程度、成長した子どもの面会交流においては、細かなルールを定めて融通が利かなくなってしまうよりは、それぞれの自主性に委ねることが適当な場合が少なくありません。

◎　面会交流は、本来、夫婦の対立とは関係のないものです。面会交流が離婚条件の駆け引きの材料になってしまうことは悲しいことです。

離婚調停の中で、面会交流の条件に合意がみられない場合には、速やかに、離婚調停とは別に面会交流調停を申し立てることが適当でしょう。繰り返しになりますが、弁護士としては、常に、子の福祉の観点に立って考えることが重要です。

□ ある弁護士の雑感（その４）

　子はかすがいと言われています。それまでの家族関係が、子どもが生まれたことでよくなったという話をよく聞きます。

　一方、夫婦の仲が、子どもができてから上手くいかなくなったという相談も実は非常に多いのです。子育てを手伝ってくれないという不満、子育ての考え方、教育方針の違い、それらが少しずつ２人の間を引き裂いていき、そして最後は不貞。お決まりのパターンです。

　その後、離婚事件としてスタートすると、「子どものため」というマジックワードのもと、両者からさまざまな主張が飛び交います。当の子どもからすれば、父と母が仲良くしてくれることを一番望んでいるのですから、その言葉は非常にむなしく聞こえます。

　男は仕事、女は家事・育児という役割分担が消えていく中、離婚が増えていくのは仕方がない面はあると思いますが、そうであるならば、男女とも一個人として経済的にも精神的にも自立していくことが必要になるのでしょう。子どもも一人格を持った人間であり、元夫も元妻も、子どもがもう一方の親に会いたいといえば喜んで行っておいでと言える、そんな関係ができればいいのですが。しかし、現実はなかなかそうはいきません。

　離婚は、決してマイナスの事象ではないと思います。ただ、子どものより良い未来も考えた新しいスタートとするには、当事者の相当な覚悟が必要であり、また、弁護士の存在が非常に重要なケースが多々あると感じています。大変ではありますが、やりがいのある仕事の１つであることは間違いありません。

Method 13 | 弁護士報酬

▶ もらえる"だけ"もらえ

――離婚事件は、一般に、他の事件に比較して、終了までに長期間を要したり、多くの事務処理の負担が伴う場合が少なくない。しかし、依頼者の納得感を損なうことなく、弁護士の業務負担に応じた弁護士報酬を設定することは容易ではない。

体験談1

こんなに負担がかかるとは……

弁護士5年目　女性

全て私が悪いので……

　ある既婚男性が2人の女性と不貞行為を行ったことを理由として、妻から2人の女性に対して各300万円の慰謝料請求訴訟が提起された事件について、男性から相談がありました。男性は、訴状記載の事実を全面的に認めたうえで、全て自分が悪いので、2人の女性に対する請求分は全額自分が負担したいと言っていました。しかし、請求金額が高額なの

で、なんとかもう少し減額してもらえるような交渉できないか、という相談でした。
　事実関係に争いがなく交渉のみが予定されていて、書面の作成も簡単なものであり、証拠も提出するものがほぼないと思われたこと、男性とはもともと別件で知り合いであったことから、訴訟上の和解を目指すことを前提に、不貞行為の相手方である2人の女性のうち、一方の女性について、着手金30万円、成功報酬は予定しないものとして受任しました。もう一方の女性については、同じ条件で、知人の弁護士に受任してもらいました。なお、弁護士費用は、その男性が支払うということでした。

私が聞かされていた話では……

　ところが、受任後に、依頼者となった女性に詳しい話を聞くと、男性との交際を開始する2年ほど前から、男性の妻には交際中の別の男性がいて家を出ており、離婚についてはお互い合意しているものの、離婚条件がまとまらずに協議が続いているために離婚が成立していないにすぎない、などと聞かされていたことが判明しました。つまり、婚姻関係の破綻を前提に2年間口説かれて交際に至ったということだったので、不法行為の成立について争うことになりました。
　その結果、準備書面の作成はもちろん、依頼者である女性との面談や陳述書の作成、これに沿う男性の陳述書の作成等を要することとなり、また、依頼者である女性の本人尋問と、不貞行為を行った男性の証人尋問まで行うこととなりました。また、依頼者である女性は、訴訟が提起されたことで精神的に不安定になり、その女性の不安相談にも付き合うこととなり、当初の想定より大幅に負担がかかることとなりました。

大幅減額に成功したのですが……

この事件は証人尋問後の和解勧試により、不貞相手の2人の女性が妻に対し、各100万円ずつを支払う（実際には男性が支払う）という内容で和解が成立しました。

男性にしてみれば、合計600万円を請求されていたところ、弁護士費用を入れても合計260万円の支払いで足りることとなったため340万円分の金銭的負担の軽減に貢献したのですから、少しくらい報酬があってもよかったのではないかな、と思った事件でした。

体験談2

解決時報酬で結果オーライ

弁護士10年目　男性

タイムチャージが基本なのですが

私にとって、離婚事件は、弁護士登録時からぜひ取り組みたいと思っていた業務分野でした。しかし、当時所属していた事務所がもっぱら企業法務を中心に取り扱っており、報酬もタイムチャージ制というスタイルであったため、離婚事件の相談を希望する通常の個人の依頼者が支払いを受け入れることができるような報酬水準で受任することが極めて難しい状況でした。

そのため、離婚事件の相談をされたときには、無料で一般論をお伝えしてお引き取りいただくか、他の事務所の弁護士を紹介するなどして、お茶を濁していました。

いざ受任するとなると

　ところが、弁護士登録をしてから3年経った頃、一般論を話すだけではとても対応できないほどに切羽詰まっており、しかも対応には相当の労力を要すると見込まれるために他の弁護士にお願いするのも気が引けるという事件の相談が立て続けに2件も来てしまいました。そこで、相談者に相応の報酬額になることを了承してもらったうえで離婚事件を受任することにしたのです。

　しかし、受任をしたのはよいのですが、私はそれまで離婚事件を受任した経験がありませんでしたので、相当に大変そうな離婚事件について、いったいどのくらいの着手金にすればよいのか非常に悩むことになりました。依頼者は経済的に余裕のある方々ではありましたが、私と個人的な人間関係があって、他の弁護士に相談しにくいからこそ依頼されていることもあり、高すぎず、でも安すぎない着手金としていくらを提示すべきか決めかねていました。

　そこで、他の事務所の弁護士から一般的な離婚事件の着手金の相場について助言を受けたうえで、着手金50万円で受任し、解決後の成功報酬を一般的な離婚事件よりは高めの水準とする内容で、依頼者に提案しました。依頼者も、大変な事件であることはよくわかってくれていましたので、特に異論もなく、提案どおりの内容で受任となりました。

実際に受任してみると

　最初の事件は、1年近く当事者間での協議を続けてもまとまらなかったことから、2件の調停事件を申し立て、その後に訴訟を提起し、一審で全面勝訴後、控訴審での和解によりようやく解決しました。事件の内容が大変だった事件であるばかりではなく、解決に約2年もの期間を要したこともあり、離婚事件の時間軸の見通しとそれに見合った弁護士報酬を設定することの難しさを知ることになりました。しかし、成功報酬

とあわせた全体の弁護士報酬は数百万円になりましたので、結果として、弁護士としても「悪くない」額の報酬を受け取ることができました。

次に受任した「大変そうな事件」では、最初の事件での経験を踏まえて、原則として受任時から1年間を期間とする委任契約、つまり着手金の対象を1年間の業務に限定して受任しました。有効期間を設けたのは、「大変そうな」離婚事件の場合予想外に長期化する可能性があり、当初の着手金見積もり時の想定を大きく上回る業務負担となってしまうリスクに対処しようと考えたからでした。

この事件も解決までに2年近くかかり、家庭裁判所での調停を1年半ほど続けてなんとか調停成立に至りました。解決後の報酬金について、記録を付けていた業務に要した時間（タイムチャージベースでの弁護士報酬額）を示しつつ、依頼者から見て「割安感」（「納得感」というべきかもしれません）がありそうな内容・金額を提示し、こちらの事件も合計で数百万円という、弁護士としても「悪くない」額の弁護士報酬を受け取ることができました。

解決時の報酬額で調整する

この2つの離婚事件の経験から、毎度のように弁護士報酬、特に着手金の見積もりに悩むことがないように、離婚事件の着手金は30万円（消費税別）で受任期間は原則1年間という方針にしました。現実は、受任から解決まで1年以上かかることが少なくないのですが、そのようなケースでも、これまでに途中で追加の着手金をもらったことはありません。離婚事件の業務負担は他の事件に比べて重いことが少なくないので、弁護士にとって決して「割りのいい」着手金の額ではありませんが、解決までに1年以上かかるような事件では依頼者もそのあたりを考慮してくれるようで、成功報酬とあわせると、結果的に、弁護士にとって「悪くない」額の弁護士報酬を受け取ることができているように感じています。

ワンポイントアドバイス

◎ 一般に離婚事件は手間と時間のかかる事件類型といえ、弁護士としては相応の弁護士報酬を受領したいところです。しかし、離婚事件の依頼者は、必然的に個人となりますので、必ずしも弁護士の事務負担に応じた弁護士報酬を受け入れることができるとは限りません。事務負担の多寡や受任期間の長短について、当初の見込みと齟齬してしまうリスクは、弁護士が引き受けることになる場合が多いでしょう。

◎ 実際の事務処理が当初の想定を大きく超えた場合に、依頼者に弁護士報酬の増額をお願いしたいという場合があります。弁護士報酬の増額にあっては、あくまでも依頼者との合意が必要になりますが、委任契約に当初の処理方針や解決までの期間の見通しなどを記載し、合意した着手金が想定する事務負担の量をあらかじめ明らかにしておくことにより、事件終了時に、依頼者の理解を得るための一助とするという方法があります。

◎ 離婚事件においては、婚姻費用、面会交流など複数の手続が同時並行で進行することも少なくありませんし、また、調停事件、訴訟事件と手続が連続的に続くこともあります。手続ごとに、いくらという着手金・報酬金の水準を設定して対応する弁護士も少なくないようです。他方で、依頼者にとっては、全体で「離婚事件」という1つの依頼案件として理解している場合が多いといえ、個々の手続ごとに弁護士報酬が積み上がっていくことに違和感を覚える方もいるようです。依頼者にとっては、さまざまな事情の下で、弁護士報酬の支払いに充てられる原資が限られている場合もありますので、弁護士としては、あらかじめ設定した弁護士報酬基準を画一的に運用するだけではなく、時には柔軟に、依頼者が支払うことができる分だけ、つまり"取れるだけ"の弁護士報酬で我慢することも必要となるでしょう。

Method 14 | 事件終了後

▶ アフターサービスはほどほどに

――裁判所にとっては、調停や和解が成立したり、判決が言い渡されれば事件は終了するが、当事者にとっては、離婚が成立しても、その後の手続や離婚後の生活が続いていく。当然ながら、依頼者に寄り添う立場の弁護士としては、裁判所における事件終了と同時に、弁護士の業務も終了とはいかない。

では、弁護士としては、事件終了後にどこまで依頼者にお付き合いする必要があるのだろうか。

> 体験談1

離婚事件はいつ終わる？

弁護士4年目　男性

　離婚事件は、いつ終わるのでしょうか。
　通常の民事訴訟であれば、裁判が終われば、弁護士の仕事はひとまず終わります。しかし、離婚事件の場合には、裁判手続の終了は、必ずしも弁護士にとっての業務の終了を意味しないと思います。
　弁護士がどこまで関与するかについては、事務所や弁護士個人の方針

による差異があると思いますが、いくつか思いつく点を挙げてみます。

各種届出書等の提出

まずは、離婚届の提出です。

ご存知のとおり、調停で離婚が成立したとしても、離婚届を提出する必要があります。調停成立から10日以内に提出しなければ過料の制裁まであります。

そのため、離婚事件に関しては、調停等の裁判手続の終了により業務の終了とはせずに、依頼者が離婚届を提出するところまでを、依頼された業務の範囲に含めている事務所や弁護士も少なくないと思います。

ちなみに、私は、大変恥ずかしい話なのですが、かつて、調停で離婚が成立した場合にも離婚届の提出が必要になることを、依頼者に説明するのを事件終了直前まで忘れていたために、調停期日の直後に海外出張を予定していた依頼者に、急遽、渡航スケジュールを変更させてしまったことがあります。その依頼者は、笑って許してくれましたが、非常に申し訳なかったです……。

また、年金分割についても、依頼者にとってはわかりにくい事柄ですので、あらかじめ、よく説明しておくのがよいでしょう。

離婚後のフォロー

次に、離婚後のフォローについてです。

例えば、離婚事件終了時に養育費に関して、弁護士として何かフォローをすべきではないでしょうか。

相談に来た方の中には、離婚事件の際に就いた代理人のフォローが足りなかったためか、離婚後に、養育費を先払いしてしまい、挙句に、先払い分についても未払養育費として請求されて、結局、養育費の二重支

払いを余儀なくされてしまった方がいました。

　また、調停成立後に、養育費決定時の職を失い、失業しているにもかかわらず、その時点で養育費増額請求をせずに我慢をしたがために、本来取得できたであろう養育費の額が少なくなってしまった相談者もいました。

　このような相談を受けて以来、私は、離婚事件を終了させる際は、せめて、「養育費は、決められた分を、決められたペースで払う必要があります」、「自分の収入等が変わったときや相手方の収入等が変わったことが判明した際には、ご一報ください」程度のことはご案内するようにしています。

その他の要望への対応

　あとは、財産分与や年金分割についても気を付けています。

　これらは、離婚の際にも問題になりますが、離婚から2年以内であれば、離婚後にも請求できます。ひとまず離婚だけを急いだ方は、財産分与や年金分割の請求をしていないことも少なくありません。そのため、相談を受けた際には、注意して聴くようにしています。

　また、人によっては、「戸籍からバツを消したい」という要望をお持ちの方もいます。戸籍上の記録を消し去ることはできませんが、管外転籍によって、戸籍謄本には過去の婚姻歴があらわれず、除籍謄本を見なければわからなくなることをお伝えして、満足していただいたことがあります。

　離婚事件では、裁判手続が終わってからも必要な手続があったり、離婚成立後にも問題が生じたりします。弁護士としては、依頼者に過料を課せられる事態を引き起こしたり、せっかくの権利を失ったりすることがないように気を付けるのはもちろんですが、人の感情が問題になることが多い離婚事件だからこそ、終了時または終了後の対応としても、お節介にならない範囲で、できる限りきめ細やかなフォローをしたいと思

っています。

> 体験談2

離婚後の住居探し

弁護士6年目　男性

社宅住まいだったのですが

　夫の社宅に自分と子どもとで住んでいるという妻からの相談でした。
　ある日、突然、夫が社宅を出て行き、離婚を求められたというのです。びっくりして最初は離婚を拒みましたが、夫が家に戻る様子は全くなく、だんだんと離婚も仕方ないかもしれないと思うようになり、今は離婚の意思も固まったということでした。
　その後、夫に代理人弁護士が就いたことをきっかけに、私が、妻の代理人として受任することになりました。
　夫の代理人弁護士と裁判外で交渉したものの話がまとまらず、夫から調停を申し立てられました。婚姻費用、養育費、財産分与、面会交流の全てが争点で、双方の主張の隔たりも非常に大きく、毎回の調停期日では、4時間を超過するのが当たり前というようなとても労力のかかる案件でした。
　そんな長丁場の調停を何年も繰り返した末に、なんとか話がまとまりかけて、いよいよ調停成立かと思われた頃、新たに大きな問題が発生したのです。

転居先の物件探しが難航して

　夫からは、離婚と同時に、依頼者には社宅から出て行ってほしいと要求されていました。夫にしてみれば、当然の要求であり、私は、依頼者に新しい住居を探すようにお願いしていました。
　しかし、依頼者は、無職で収入がなく、かつ、自分の身内とは絶縁状態だったため、新たに家を借りるにあたり、連帯保証人になってくれる人がいません。そのうえ、転居するにあたって絶対に譲れない条件があると言って譲らなかったため、転居先の物件探しは非常に難航していました。
　私は、保証会社を入れるなどして自ら保証人を用意しなくてもよい物件もあるので、なんとか自分の住むところを探すように依頼者にお願いしていましたが、なかなかみつかりませんでした。
　そうこうしているうちに時間はどんどん過ぎていきました。早く離婚したい夫は、だんだんとしびれを切らして「もう訴訟でいい」と本気で言い出し始めました。

大きな賭け

　長期間をかけてなんとか好条件での協議離婚が成立しそうなところまでこぎつけていましたので、転居先の物件にこだわって、このまま調停不成立になってしまうのは得策ではありません。しかし、依頼者は、いまひとつ、この切迫感を理解していないようでした。
　私は、やむを得ず、「○月○日までに転居の見通しが立たなければ、調停不成立でお願いします」と言い切り、提示した期日までに、保証人なしで入居できる依頼者が希望する物件を探すように促しました。依頼者には、提示した期日までに、自分の希望に折り合いをつけて転居先を決めなければ、まとまりかけた離婚条件も水泡に帰してしまうことを念押しして物件探しに励んでもらい、私自身も、自分の知り合いの不動産

会社にお願いするなどして、依頼者とともに一生懸命に転居先の物件を探しました。
　最終的には、依頼者も切迫感を理解したのか、なんとか期限ギリギリに転居先の物件を決めることができ、無事に、調停を成立させることができました。正直なところ、期限を区切ったのは大きな賭けでしたが、訴訟に進むメリットは何もなかったので、本当によかった、の一言です。
　離婚する方にとっては、離婚後の生活条件が重要であることは間違いありません。他方で、生活条件の確保にばかり目がいってしまって、肝心の離婚条件を確保できなければ前にも進めません。何事もバランスではありますが、今回は、依頼者が離婚後の生活条件の確保にこだわって、有利な離婚条件を逃しかねなかったところ、最後はなんとか状況を理解してバランスを保てたという事案だったと思います。

ワンポイントアドバイス

◎ 当事者にとって、離婚という手続は大きな手続ですが、同時にこれに伴う周辺的な手続もたくさんあります。また、離婚は、生活環境の変化を伴うことがほとんどですので、これに伴ってさまざまな手続が発生することがあります。弁護士は、法律の専門家として、離婚に関連して、どのような手続が必要になることがあるのか、また、それらの手続にはどのような留意点があるのかといった概要については把握しておくべきでしょう。

◎ 離婚に関連する周辺手続について、どこまで弁護士が関与するのが適当かという点については、いろいろな考え方があると思います。法律の専門家として離婚事件に関与するからには、周辺手続までワンストップで面倒をみるべきだという考え方もあるでしょう。一方で、弁護士が依頼者の生涯にわたってその生活上の課題の面倒をみることができるわけではありませんので、行政上の手続など役所の助言を得ながらも当事者本人ができることは極力本人に行わせるべきであり、弁護士が関与する必要はないとの考え方もあるでしょう。

◎ 上記のように考え方はさまざまだと思いますが、依頼者に寄り添う弁護士としては、事件終了にあたっては、依頼者に、どんな周辺手続が必要になるかの概略程度は説明することが望ましいように思います。依頼者のためであることはもちろん、後で「私が依頼した弁護士は、こんなことを教えてくれなかった」とのクレームにならないためにも、最低限の説明は心がけるとよいでしょう。

Method 15 調停委員

▶ 調停委員も使いよう

——当事者同士が話し合って解決せず、弁護士を介在させて裁判外で協議しても解決せず、そんな事案が調停手続では解決するということはよくあること。調停委員という第三者が当事者双方の間に入って双方の言い分を聴いて調整することにより、合意形成が促進されるわけだが、では、調停手続では、調停委員の進行に任せていればよいのだろうか。

体験談1

調停委員の心証を悪くすると

弁護士7年目　男性

これといった離婚事由がなさそうな……

　もう何年も前になりますが、私が弁護士になりたての頃に、兄弁とともに担当した離婚調停の話です。
　この事件の依頼者は、血の気が多いといいますか、すぐに熱くなってしまうタイプの男性でした。妻は、そんな夫の性格に嫌気が差したよう

で、家を出て行き、しばらくたった後に、性格の不一致を主な理由として離婚を求める調停を起こしました。

　この事件では、夫について不貞行為などが主張されているわけでもなく、明らかな離婚事由と認められるような事情も見当たらなかったため、当初は、調停委員も離婚を促す方向で進めるべきか否かを決めかねている様子で、ひたすらに双方の言い分を聞くといった具合で調停期日が進行していきました。

　こうした中で、妻から夫に対して不満がある点として主張された事情は、夫が全てを自分の思い通りにしようとする、妻の意見に聞く耳を持たないといったものでした。夫婦として共同生活を営むうえでは重要なことだとは思いますが、一つ一つの話がどうしても細々としたものであることが多く、夫としても、妻が掲げる過去の事実について、逐一、妻の誤解であるとか、思い込みであると反論していったため、調停委員も妻の話を半信半疑で聞いていたようでした。

つい熱くなってしまって

　しかし、何回目かの期日において、夫が、妻の発言の１つに腹が立ったようで、調停委員に対し、「妻に、『そんなことを言うなら、生活費を払うのを止めるぞ』と言ってください。誰のおかげで生活できると思っているんだか、あいつは全くわかってない」などと言い出しました。

　これに対して、調停委員は、夫に対し、「あなたのそういったところを、奥さまは嫌がっているのではないですか。そこを直さないと、関係は修復できませんよ」と、諭すような口調で言いました。

　ここで、夫としても「言い過ぎました。つい熱くなってしまったようで、すみません」などと言えばよかったのですが、調停委員の諭すような口調が気に入らなかったのか、逆に火がついてしまったようで、「調停委員ってのは、中立であるべきなんじゃないんですか！　あっちの味方をするのなら、こんな話合いには応じられない！」などと怒りはじめ

てしまいました。

　私は、これまでの打合せなどでの夫の様子からは、夫のこのような前兆を感じることができていなかったこともあり、あまりの突発的な事態に慌てましたが、兄弁が、「まぁまぁ、調停委員の先生も、関係修復に向けてよかれと思ってアドバイスしてくれただけですから、落ち着きましょうね」と言い、何とかその場を収めました。

　しかし、その後も、夫は、調停期日において、何度か、前触れなく声を荒げて、自分の主張を押し通そうとしているかのように聞こえることを口走ってしまったため、調停委員も、次第に喧嘩腰になってしまい、兄弁が調停委員をも諭すようになってしまいました。

調停委員の心証を悪くすると

　夫は、どうやらすっかり調停委員の心証を悪くしてしまったようです。その後は、直接的ではないものの、調停委員が妻の主張する事実関係が真実であることを前提に話を進めているように窺われる場面が増えていくようになってしまいました。

　調停委員に媚びる必要はないものの、少なくとも調停の争点が「夫の高圧的な態度の有無」に置かれているときに、調停委員と喧嘩腰になるような本件の夫の態度は、夫側にとって、かなりの痛手となりました。

　この日以来、私は、依頼者に対し、「もし、調停委員の言うことや態度について文句があるときでも、できるだけその場で直接調停委員に言わないようにしてください。調停委員が相手方から事情を聴いていて、当方が待合室で待っている際などに私に伝えてもらえれば、私から調停委員に言いますので」ということを、期日ごとに依頼者に説明するように心がけています。

> 体験談2

調停委員の言うことはホント？

弁護士4年目　男性

調停委員性善説？

　調停委員は、当事者の間に入り、紛争解決に向けてお互いの言い分をすり合わせ、当事者双方が合意できる点を探していく素晴らしい方、調停委員のことをそんな風に理解して（いわば調停委員性善説とでもいいましょうか）、調停委員を妄信して手続に臨むと痛い目を見ることが少なくない気がします。
　調停委員が自分の意見を押し付けてくるように感じることはしばしばですし、調停委員の非常識な言動に目を疑いたくなるような事態も間々あります。そんな経験をお話ししたいと思います。

当方の具体的な提案を伝えてください

　婚姻費用分担請求調停での話です。
　私の依頼者は、婚姻費用を払う必要がある側（義務者）でした。
　相手方（権利者）が算定表に従って算出された額に、子どもの私立学校の学費やら何やらを追加して請求しているが、裁判例の傾向からするとこれらを支払う義務を認められることはなさそう、と思われる事案でした。また、依頼者（義務者）は、営業職で、売上成績に応じた歩合給の割合が高いうえに、東日本大震災の復旧に関連する商品（サービス）の営業を行っていたため、震災後、一時的に売上成績が約5倍に増え、収入が以前の3倍程度に多くなった状態が2年ほど続いていたという状

況でした。しかし、すでに当時、震災の当面の復旧がある程度進み、依頼者の売上げ・収入も減少し始めており、近いうちに、少なくとも以前の収入程度（最高時の3分の1程度）まで減少することが予想されました。

そこで、当方は、調停期日において、現時点での収入を前提に算定表に従った額（ただし、相手方が主張する私立学校の学費等の追加費用は含まない額）を具体的に提案するとともに、「いくら求められようとも、当方としては、これ以上の増額提案をするつもりはない。仮にこれ以上の増額を求められるなら審判を望む。もっとも、当方としては、当方の提案どおりに調停が成立した場合には、すでに予想されている今後の減収が現実化しても、減額請求をせずに合意した金額の支払いを継続するつもりである。今回の提案は、予想されている減収が生じても養育費の減額請求しない点において、相手方（権利者）においても、生活の安定も図ることができるというメリットがあるはずである。調停委員におかれては、この点も伝えつつ、相手方（権利者）が本提案での調停成立に応じるように伝えてほしい」と述べ続けていました。

これに対し、調停委員は、「義務者の提案の趣旨はわかった。裁判官とも評議しており、その際の裁判官の指示もあり、権利者には、具体的な金額を伝えつつ、義務者の提案について、その趣旨や言い分とともに伝える」（発言①）と言いつつ、「他方で、子の福祉・教育という観点から見れば、仕事を頑張れば収入を維持できる可能性もある以上、現時点の収入に基づいた婚姻費用を支払い続けるのは当然だとも思う。また、私立学校の学費も、子どもが望むなら支払うべきだろう。この点を検討してほしい」（発言②）とも述べました。

調停委員の、発言②を聞いた当方の依頼者は、「自分が子の福祉・教育を考えていないみたいで、心外だ」と憤り、私としても「調停委員は余計なことを付け加えたなあ……」と思ったのですが、この件では、それだけでは済みませんでした。

まさか、当方の提案を伝えていなかった？

　その後、数回の調停期日を重ねても、相変わらず増額提案を求められ続けるだけで、いつまでも調停が成立しませんでした。しばらくして、当事者双方が、裁判官と協議する機会が設けられました。
　すると、裁判官から「権利者には、今日まで代理人（義務者）からの具体的な提案金額が伝わっていなかった。今日、私から、具体的な提案金額を伝えたので、次回までに検討させることにした」との発言が……。
「金額を伝えても相手方が提案に応じない。だから増額を検討していただきたい」
　このような論理で当方を説得し続けていた調停委員が、実は、相手方に金額を伝えていなかったという事実が発覚したのです。
　確かに、調停成立に向けて活動する調停委員にはいろいろな思惑があるでしょうし、当事者双方の言い分をそのまま他方当事者に伝えなければならないということはないでしょう。
　しかし、調停委員が自ら「伝える」と言った内容が伝わっておらず、しかも、伝えていないにもかかわらず、「伝えたが、応じない」と真実とは異なることを言われて再考を求められていたとは……。
　相手方が、具体的な金額は初めて聞いたなどとトボケたところ、裁判官が信じてしまった、という可能性も完全には否定できませんが、それにしては、調停委員がバツの悪そうな顔をしていたように見えました。
　調停委員がウソをついたとは思い難い（いや、ウソをついたりしていないと信じたい）のですが、いずれにせよ、弁護士たるもの、調停委員の発言を妄信しないよう注意しなければ……、そのように強く思った事案でした。

> 体験談3

せめて当事者の想いに耳を傾けてあげてほしい

弁護士5年目　女性

算定表の範囲を超えた要求ではあるけど

　夫がもう妻とは一緒にいたくないと言って自宅を出た後、離婚調停と財産分与調停を申し立ててきたのに対し、妻が、養育費調停を申し立てたという事案で妻の代理人となりました。

　養育費をいくらにするかについて調停期日で話し合ったのですが、依頼者の実家は資産家で、依頼者自身が子どもの教育に熱心な家庭環境で育ったこともあってか、この夫婦は、2人の子どもをいずれも有名な私立の小学校に通わせたうえ、いくつもの習い事をさせており、教育費として多額の支出をしている状況でした。

　調停では当事者双方の収入を基礎として、いわゆる算定表により養育費の額が算定されますが、このようにして算定される養育費の額では、これまでどおりの月々の子どもの教育費を賄うことは到底できない状況でした。

　依頼者にしてみれば、自分自身にこれといった離婚原因となる事情が見当たらず、性格の不一致といった理由で勝手に出て行った夫が悪いのであって自分に非がなく離婚することになったのに、子どもがこれまで受けてきた教育を受けられなくなるのはどう考えてもおかしいというのが、基本的な考えでした。そのため、双方の収入のみを資料として養育費の額を算定することとなる算定表による算定方法は、依頼者としては全く納得できないものでした。弁護士としても、任意交渉ならともかく、調停になればどうしても算定表を無視することはできないため、算定表で算定される金額と実際に依頼者が希望する金額とに大きな差があると

大変苦労するものです。

仮に争点と直接関係のない事情だとしても

　そんなとき、せめて調停委員が、仮に争点と直接関係のない事情だとしても、離婚に至る背景事情などについて、依頼者の言い分に丁寧に耳を傾けてくれれば、依頼者の気持ちもある程度は和らぎ、弁護士としても依頼者を説得しやすいのですが、この事件の調停委員にはそのような配慮が感じられませんでした。

　調停委員は、依頼者の陳情について、「それは養育費とは関係ないので……」、「そういう事情は算定表の中ですでに考慮されているので……」、「算定表でも1～2万円の幅がありますのでその幅の中で決めることです」などと言って、あまりにも依頼者の言い分に耳を傾けてくれようとしません。

　このような、争点以外のことは聞く耳持たず、といった調停委員の態度については、さすがにいかがなものかと私も思いましたので、調停委員の発言に対し、「本当に関係のない事情でしょうか？」、「算定表で考慮済みかどうかという問題だけではなく、当方の要望、提案の趣旨として、相手方にきちんとお伝えしていただきたいという観点からお伝えしているものです」などと、多少語気を強めて調停委員に申し入れることもしばしばありました。

　こういった対応によって、養育費の額が依頼者の希望に大きく近づくことはなかったと思いますが、調停委員も、多少は依頼者の陳情に耳を傾けるようになり、その後の調停期日での協議は、幾分スムーズに進むようになりました。依頼者の調停委員に対する不満が完全に解消されることはありませんでしたが、依頼者としても多少は溜飲を下げられたようでした。

　調停委員とバトル、というほどの話ではありませんが、調停委員にしてみれば「所詮は他人事」という側面もあるでしょうから、いつもいつ

も調停委員の顔色を窺ってばかりいてはいけないなあと感じた次第です。

ワンポイントアドバイス

◎ 多くの場合、調停委員は、当事者の主張に丁寧に耳を傾けてくれることでしょう。しかし、調停委員も十人十色。全ての人が聖人君子のような人ではありません。当事者の陳情に耳を傾けなかったり、自分自身の価値観を押し付けるような発言をしたり、法的な知識が不十分で不正確なことを述べたり……。弁護士として多くの調停事件を経験していると、実に多様な調停委員がいることに気づかされます。弁護士としては、調停委員にはいろいろなタイプの人がいることを前提に対応する必要があります。

◎ 調停の進め方などについて、調停委員と方針や意見が一致しない場合も少なくありません。しかし、一方当事者の代理人である弁護士が安易に調停委員とのバトルに突入することは得策ではないことが多いでしょう。調停委員を上手に味方に付けるためにはどうしたらよいのか、弁護士の腕の見せどころです

◎ とはいえ、調停委員の顔色ばかり窺っていてもいけません。調停委員の顔色ばかり窺っていると、時には依頼者の信頼を失うことになりかねません。依頼者が調停委員の言動に不満を持っているときは、ある程度、依頼者を代弁してはっきりとクレームを入れることも重要です。きちんと冷静に述べれば、依頼者の気持ちを満足させるだけではなく、調停委員の考えを改めさせる契機となることも少なくないでしょう。

Method 16 | 監護権・子の引渡し

▶ **あきらめないで、お父さん**

――子の監護者指定・子の引渡しにおいて、「子の福祉」の観点から判断しなければならないという理屈に異論はないだろう。しかし、「子の福祉」のためにどうあるべきかについて母親と父親の間で見え方が違うために生じる紛争が監護者指定の問題である。そしてまた、裁判所によってもその見え方が違ってくることがあるようだ。

> 体験談1

娘との感動の再会

弁護士8年目　男性

DVを受けた母親が逃げ出して

　私が、ある夫婦の妻を代理して、監護権者指定・子の引渡しの審判及び審判前の保全処分の申立てを行った事案のことです。
　依頼者は、地方にある夫の実家で同居していましたが、夫のDVに耐えかねて、娘（当時1歳強）を夫のもとに置いたまま逃げるように、ほ

とんど身一つで夫の実家を出て、都内にある実妹の宅に身を寄せました。その後、都内での仕事が決まったことを機に、娘を育てたいと夫に要望しましたが、夫がこれに応じなかったため、私のところに相談に来たという次第です。夫の実家を出てから申立てまでの期間は、約半年でした。

第1回審問期日において審判官は、現時点では判断しかねる、調査官による調査を経て決定したいとのことでした。

子の引渡しの執行

第1回審問期日から概ね2か月後に、裁判所から、申立てを認める予定であるが、審判日をいつ頃にしたらよいか執行官と相談のうえ検討してほしい旨の連絡がありました。言うまでもなく、保全執行期間が債権者への保全命令送達の日から2週間と限定されているため、発令の時期が重要となります。

早速、依頼者と日程調整をしたうえで、執行官と協議を行い、Ｘデーは、夏真っ盛りの7月下旬と定められました。

私は、Ｘデーの当日、午後1時に裁判所に登庁し、執行官3名と執行方法について打合せを行いました。結論として、まずは保育園での執行を図り、娘が登園していなければ自宅に赴くことを確認、午後3時30分に保育園での現地集合となりました。

裁判所を後にして依頼者と合流し、2人でタクシーで保育園に向かいました。午後3時15分に到着すると、少ししてから執行官3名が到着し、全員で張り込みをするように保育園内部の様子を窺いました。傍から見れば、完全に怪しい大人たちです。

午後3時25分、執行官1名、私、依頼者の合計3名で保育園内に入り、園長先生と話合いの機会を持ちました。

園長先生からは事前の連絡がないことなど散々文句を言われましたが、最終的に理解を得ることができました。ただ、午後5時前に迎えにくる夫の両親にきちんと説明すること、保育園前でのいざこざが起きること

は困るなど念押しされました。

　一旦、保育園を後にし、依頼者と喫茶店で待機しました。緊張した時間が流れます。店ではなぜか犬に吠えられまくります。お前は夫の味方か……。

　午後4時50分、再度、保育園に向かい、執行官と合流しました。しばらくすると夫の両親（子どもにとっては祖父母）が車で来園しました。まず、車から降りた祖母に執行官が状況を説明すると、裁判所の命令に対して一応の理解は示したものの、何故こんなに急なのかなどと疑問を呈されました。まあまあと取りなし、依頼者とともに娘を迎えに行ってもらいます。2人が園内に入ったところ、祖父が車から降りてきて怒鳴り出しました。相手にせずにいると、依頼者が娘を抱いて保育園から出てきました！！　感動の再会です。

夫の実家で協議

　そのまま帰ってもよかったのでしょうが、土地柄からか、祖父に促されて夫の実家で話合いをしようということなり、執行官1名、依頼者、娘とともに夫の自宅へ向かいました。

　午後6時に自宅に到着。執行官からあらためて手続について説明をしたところ、祖父は、自分たちは差別を受けていた、だから裁判所はこのような決定をしたのだろうなどと、自身の出自などについて身の上話を始めましたが、最終的には娘を依頼者が連れ帰ることを了承してくれました。実際のところ、手続を理解して、最初からやむを得ないと納得していたようですが、終始、やり方に不満を述べていました。

　その後、依頼者が祖母の協力を得ながら娘の荷物をまとめていると、祖父が依頼者に対し「息子が済まないことをした。書類を見て初めて知った」などと、殊勝に謝罪してきました。

　夫が帰宅する前に家を出ようということになり、午後6時45分、夫の実家を後にし、執行官に新幹線の駅まで送ってもらいました。

午後7時、依頼者、娘とともに新幹線に乗り、帰京しました。
　幸いにして、この事案では、嫌がる子どもを強引に夫から引き離したり、夫の両親の激しい抵抗に遭うといった修羅場となることはありませんでしたが、保育園に着いてからの張りつめた空気、娘と再会したときの依頼者の嬉しそうな姿などは忘れられません。
　充実感でいっぱいの一日でしたので、一刻も早く自らをねぎらうビールを口にしたかったのですが、帰りの新幹線では、依頼者やその娘が近くにいたため、お預けとなりました。

体験談2

母親優先の原則？

弁護士6年目　男性

母親優先と母性優先

　離婚に関連して夫婦間での紛争が激しい場合、子どもの監護権・親権についても全面的に争うということが少なくありません。最近は、夫（父親）の側からも、子どもと離れたくない、妻には任せられない、という理由で、監護者指定及び子の引渡しを求める依頼も増えてきています。
　司法の世界における考え方も、「母親優先の原則」から、必ずしも女性に限られない「母性優先の原則」（「母性」とは母親としての役割を果たす人をいうようですが、性別役割論からの脱却の観点からは名称に違和感がないではありません）に変わってきているともいいます。ただ、やはり、依然として、父親が監護者となるには高いハードルがあると感じることも多々あります。今回は、私の体験した事案について紹介した

いと思います。

現在の監護環境は？

　私は、現に子どもを監護している夫から依頼を受けました。事情を聴くと、妻が不貞をしていたことが判明したため、話合いにより妻に子どもを置いて自宅から出て行ってもらったところ、妻が弁護士を代理人として、監護者指定・子の引渡しの審判及びその保全処分を申し立ててきたとのことでした。子どもはまだ就学しておらず、別居するまでは専業主婦である妻が主に監護をしてきたということであったため、私としても、最初は、依頼者に子どもの監護が本当にできるのかと不安に思いました。

　しかし、依頼者は、仕事を抑えて子どもの傍にいる時間を増やし、親族の援助を受けながら十分に監護が可能であると具体的に述べていました。そのため、私は依頼者が、現に監護をしており、現在の監護環境に何ら問題がないこと、また、妻が不貞をするなど監護者として不適格であること、子どもを置いて出て行っており、夫が監護者となることに妻の同意があること、などを中心に争っていく方針を固めました。

　審判準備を進める中で、依頼者ともいろいろな話をしましたが、依頼者は、本当に子どものことを愛しており、仕事面でも子ども中心の生活を構築するように努めており、子どもも父親に懐き、必ずしも妻がいなくても問題ないと思えるような状況となっていました。

　手続の中で、調査官は、現在の監護環境については何ら問題がないとする調査報告書を作成し、それを資料としてなされた家庭裁判所の審判においても、依頼者を監護者として指定し、妻からの子の引渡し請求は却下という結論となりました。

抗告審では

　これで事件が終われば何も問題はなかったのですが、妻はこの決定を不服として、高等裁判所に抗告をしました。その結果、抗告審では、妻を監護者として指定し、子の引渡しを認めるという、原審とは逆の結論が下されました。

　第一審の家庭裁判所では、現在の監護環境を重視し、父親の監護に問題がなく、現状維持をすべきであることを主な理由として、依頼者を監護者として指定しました。他方で、抗告審の高等裁判所は、過去の監護実績を重視し、別居まで主に子どもの監護をしていた妻を、監護者として指定しました。過去の監護環境がどうであれ、現に全く問題のない監護環境を実現しており、双方に優劣をつけがたい状況であれば、現状維持とした第一審の家庭裁判所の判断の方が、はるかに説得的であると私は感じました。

　しかし、抗告審の審判書には明示的には表れていませんでしたが、高等裁判所の判断の底流には、子どもが幼い場合には母親優先という考え方があったのではないかと、個人的には感じました。

　この事件の他にも、同様に、第一審の家庭裁判所では父親が監護者として指定されたものの、抗告審である高等裁判所では妻を監護者として指定した事件をみたことがあります。

　これもまた個人的な見解ではありますが、現在の家庭裁判所における監護権や親権に関する判断は、過去の考え方に縛られず、革新的な判断も徐々にされているように思いますが、一方で、抗告審となる高等裁判所においては、原則として期日も開かず当事者に会うこともないという性質も影響してか、いまだ保守的な結論となることが多いのかもしれません。

　あくまで一部の例をみただけではありますが、監護者指定の事件においては、このように家庭裁判所と高等裁判所で結論が食い違うことがある可能性も念頭に置きつつ、依頼者と十分に協議しながら進めていった方がよいと思います。

> **ワンポイントアドバイス**

◎ 子の監護者指定にあたっては、「子の福祉」の観点から判断すべきことに異論はないでしょう。問題は、「子の福祉」の観点からいずれが監護すべきかについて対立が生じているのが監護者指定の問題です。母性優先の原則、監護の継続性など理屈はいろいろとありますが、勝負は事実関係でしょう。

◎ 近年、父親が監護者の指定を受けるケースは増えているといえますが、そうであってもやはり高いハードルを超えなければならない難しい依頼だといえるでしょう。第一審の家庭裁判所では父親が監護者に指定されても、抗告審の高等裁判所で覆される例も少なくないようです。第一審で監護者の指定を受けることができても、油断はできないことを依頼者によく説明しておく必要があります。

◎ 子の引渡しにあっては、場合によっては修羅場となることが予想されます。執行官との綿密な打合せが重要でしょう。また、仮に修羅場になりかけたときは、「子どものため」を第一に、冷静に話し合うように対処することが必要です。保全処分の決定が出ているからといって、強硬な態度をとることはその後に禍根を残すことになりかねず、適当ではない場合があることに注意が必要です。

□ 二次被害

　日曜日に、事務所で一人、仕事をしていると、切羽詰った様子の女性から、すでに男性の弁護士に相談しているのだが、女性の弁護士にも相談したい、という電話がありました。

　「婚約した彼がいたのですが、数か月前に突然家を出て行かれました。理由は全くわかりません。その後、自分が妊娠していることがわかりました。私は、彼が結婚してくれないのであれば、子どもを産む気はありませんでしたから、何度も電話やメールをして、結婚はどうするのか彼に聞いてみました。すると、『結婚はしない』という返事。でも一方で、『子どもはほしい』というような、何を考えているのかわからない返事がきたので、彼の実家に行ってみると、玄関に彼が出てきました。と思ったら、突然、父親と一緒になって不法侵入だといって警察に電話をかけ始めました。実際に警察官が家に来て大騒ぎ。『また来たらもう一度警察を呼ぶぞ』、『絶対に来るな』と言われました。私はその後、彼に『今後はどうするの』、『もし結婚しないのであれば、子どもはおろします』とメールしました。すると、彼から『養育費は、第三者を交えて話し合います』という返事がきました。養育費？ やっぱり子どもはほしいの？？　私は頭が混乱しました。それ以降、こちらから電話やメールを何度しても全く返事がないんです。なので、弁護士を就けて、手紙を送ってもらったのですがそれでも返事はありません」という話でした。

　私は、話を聞いて、彼が戻ってくる可能性はほとんどないと感じました。私は、堕胎はリミットがありますよね、という話をすると、その女性は「堕胎ができないんです」というのです。病院に行ったところ、すでに妊娠中期になっており、彼の同意書を求

められ、どうにもならないんです、とのことでした。
　私は、とにかく体の方をどうにかしなければならないな、とそればかり考えていましたが、その女性は「今の先生に、彼が返事をくれない、堕胎ができない、このままでどうしよう、という話をしたら、『そうなったら、産むしかないじゃないですか』と言われてしまったんです」と言いました。私は一瞬言葉を失いました。代理人としては、本来であれば依頼者の不安で辛い気持ちを汲み取ってあげるべきところ「産むしかない」という言葉は、その女性に相当なショックを与えてしまったようです。実際にどのような文脈でその言葉が出てきたかはわかりませんが、気を付けたいものです。

Method 17 依頼者との関わり方

▶ 依頼者の話は
　聴ける"だけ"聴け

――離婚事件の依頼者の話が際限なく続く……。依頼者にとって生活全般に影響が生じ得る離婚は、極めて重要な問題であり、依頼者から頻繁に、かつ、長時間の陳情がなされることは珍しいことではない。しかし、弁護士は、この事件だけを受任しているわけではないし、依頼者の長時間の陳情にどこまでも付き合うわけにはいかない。では、そんな時、弁護士としては、どうしたらよいのだろう。

体験談１

お話し聴きすぎでしょうか？

弁護士４年目　女性

長時間の相談と婚姻期間の長短は関係アリ？

　離婚に関する相談は長時間になりがちです。

熟年離婚の場合などは、出会ってからどのように付き合いが始まり、どのようにして結婚に至ったか、結婚生活におけるさまざまな出来事とそれに対する配偶者の対応について伺った後に、ようやく離婚の原因について伺うことになります。
　では、婚姻期間が短ければ話も短いか。決してそんなことはありません。例えば、婚姻してから３年であれば、３年間という比較的近い時期の出来事であるため、記憶が鮮明な分、事実関係を詳細な話をされることになります。

事件対応に必要なことだけ聴けばよい？

　離婚事件の場合、調停であっても最終的には裁判上の離婚に耐えられるように、裁判上の離婚事由を念頭に主張を行うことになるので、その限度で要点を踏まえて聴き取りを行えばよい。そのとおりですが、そんなに簡単なことではありません。例えば、相手方に不貞行為などの端的な離婚事由があるわけではなく、離婚事由が「婚姻を継続し難い重大な事由」となる場合などは、生活状況全般にわたって聴き取ることが必要となりますので、自然と当事者の話も長くなりますし、弁護士としても詳細に聴き取らざるを得ないこととなります。
　そのため、初回の相談についてはやむを得ないものとして、２時間に及ぶのは当たり前、３時間であっても覚悟のうえです。
　続いて、調停や訴訟などの手続が始まり、相手方から準備書面が出されますが、この準備書面に納得する依頼者はほぼいません。当然ながら、相手方の準備書面の内容がいかに不当であるか、いかに相手が不誠実であるかをさらに詳細に聴くことになります。こちらも、２時間を要することも珍しくなく、３時間に及ぶこともあります。
　ただ、これらの詳細な反論には、弁護士にとって必要な部分と不要な部分があり、おそらく感情論を抜きにすれば１時間程度で足りるのではないかと思うことがしばしばです。

しかし、離婚事件の場合、法的解決もさることながら、依頼者にとってはやっと思いのたけを話せる相手、聴いてくれる相手ができた、ということも少なくありません。こういった長時間の話に耳を傾け、辛い想い、理不尽な想いをしたことに共感し、前を向く気持ちになれるようお手伝いするのも弁護士が提供すべきサービスのうちかな、と考えて、できる限りお付き合いしております。

話の切り上げ時は？

それでも、1回の打合せの時間が2時間半を超えると、依頼者にも多少話し疲れの様子が見て取れる場合が少なくありません。そこでその頃合いを目途に、「その点は、また今度」、「何かあったらお電話で」などと言って、話を切り上げるタイミングを探して、打合せを終える方向に誘導するようにしています。

でも、これ、お話を聴きすぎでしょうか。

体験談2

話を切り上げるスキルを磨け

弁護士6年目　男性

依頼者との関係構築

弁護士の仕事全般において、依頼者との関係性をどうするかというのは、一生かけて学んでいくべき事柄かもしれません。

種々ある弁護士の業務の中でも、離婚事件という類型は、その人の一

生を左右する問題ですし、精神的な負担も大きいため、特に依頼者の精神的な面に留意しながら進める必要がある場合が多いと言えるのではないでしょうか。ただ、依頼者の意向・要望を全てかなえてあげることが、必ずしもよい結果を導くとは限りませんし、他の仕事との関係から時間的な制約も存在します。最終的には、ケースバイケースでの対応をするしかありませんが、参考として私の過去の体験について紹介します。

毎朝1時間の電話が日課に

　私が弁護士になったばかりの頃に扱った件ですが、とにかく頻繁に連絡を入れてくる依頼者がいました。午前9時30分に出勤し、自分の席につくと、すぐに内線電話がかかってきます。出ると、事務員から「○○さんです」と言われ、そのまま1時間ほど話を聞くということが日課になってしまいました。

　1時間ほど話をするといっても、過去の出来事や愚痴を繰り返し聞かされたり、すでに何度も説明している見通しの話をしたりということばかりで、新しい事実が出てきたり、発展的な打合せとなることはほとんどありませんでした。しかし、私も新人であったこともあり、そのような依頼者にどのように接してよいかわからず、毎朝の電話は事件が終了するまで2～3か月ほど続きました。

　最終的に、依頼者の利益となるような形で解決し、電話を含め要望には全て応えていたので、依頼者には満足していただけましたが、本当にそのような依頼者対応でよかったのか、当時の私には判断できませんでした。

長時間の陳情に付き合うことは
依頼者のためにならない

　仮に、今になって同じ事件を受任したとしたら、電話での話は週に１〜２回程度、１回の電話も30分程度で切り上げる対応にするでしょう。もちろん、仕事が多くなり割くことのできる時間が少なくなったという実情もありますが、必ずしも長時間の話に付き合うことが、依頼者の利益につながるわけではないと確信できるようになったためです。電話をしている時間を、その依頼者の資料の確認や起案にあてれば、よりよい結果を残すことのできる可能性が上がります。また、必ずしもその依頼者の仕事にあてなくても、他の事件を進めることで、時間的・精神的な余裕が生まれ、全体的によい仕事ができるということもあります。

　もちろん、話を聞いてほしい依頼者にとって、連絡がつかなかったり、途中で切り上げられたりすると、不満がたまり、場合によっては解任ということにもつながりかねません。しかし、さまざまな依頼者と話をする経験を積むうちに、短時間で依頼者の言いたいことをくみ取り満足してもらえる対応をするスキルも段々と身に付いてきましたし、依頼者が怒ってしまうギリギリのラインも何となくわかってきたため、むしろ全ての話を聞いていたときよりも、依頼者との関係は良好になったように思います。

　離婚事件を扱う最初のうちは、どの程度話を聞けばよいのかわからず、長時間の対応となってしまうのもやむを得ないと思います。ただし、何件も離婚事件を扱う中で、漫然と依頼者対応をするのではなく、何を求めているのか、どのようなことに不安を感じているのかを探り、的確に対応するよう心がけることで、他の事件と変わらない程度まで依頼者対応の負担は軽減することができるのではないでしょうか。

> 体験談3

私にしゃべらせて！

弁護士4年目　男性

お話し好きな依頼者

　これは、まだ私が離婚事件に慣れていなかった時期のことですが、50代の女性の離婚調停を担当したことがありました。依頼者は、夫とその両親に対し、長年溜め込んだ強い不満を抱いており、求める離婚条件がかなり高く、調停が長引くこととなったため、来所や電話で、話を伺う機会も必然的に多くなりました。

　その依頼者は、とてもお話し好きの方で、「近所のお花が見頃を迎えて、すごく綺麗なので、先生にも見せてあげたいです」、「飼っている犬が最近元気なくて、心配なんです」といった事件に関係のない世間話から、「夫のこういうところがずっと許せなかったんです」、「昔、夫の両親がこんなことを言ってきたんです」といった事件に関係のある話まで、幅広く、いろいろな話を聞かせてくれました。

　事件に関係のない世間話は、その時期にあった話であり、毎回いろいろと新しい話題だったのですが、事件に関係のあるお話は、積年の恨みが詰まった話であるためか、何度も何度も同じ話が出てきました。そんな時、いつも決まって「こういうことがあれば離婚したいというのも無理ないでしょう。私はずっと我慢してきたの。先生、どれだけ大変だったかおわかりになりますか」と話を結ぶのでした。

先生、違うんです！

　当初は、私も、同じ話でもその度に、新鮮なリアクションを取るように心がけていたのですが、打合せの度に、あまりに同じ話を何度もされるので、私としても、段々と「私がきちんと話を覚えているのか心配だから何度も同じ話をしているのではないか？」と不安を抱くようになりました。

　そのような不安を抱いていたある日の打合せで、また、「昔、夫の両親がこんなことをしてきたの」という話をされました。この話は、たいてい「そのとき、私は〜〜〜で、子どもが……だったから、○○が××で、そんな時期に、そんなことをするなんてひどくないですか。こういうことがあれば離婚したいというのも無理ないでしょう。私はずっと我慢してきたの。先生、どれだけ大変だったかわかりますか」という構成になっていたため、その日の私は、「話を覚えていることをアピールして信頼してもらうチャンス！」と思い、「その時期は、〜〜だし、お子様も……だったから、大変でしたね。調停委員の先生にもそのことがわかってもらえるようにしますから、安心してください」と、意気揚々と話を覚えているアピールをしました。

　しかし、依頼者のリアクションは、私の思っていたものと全く異なり、「先生、違うんです！」というものでした。私は、何度も聞いた話なので、間違いないはずだと思っていたので、何が「違う」のか理解できず、茫然としてしまいました。

　そのような私に、依頼者は、こう続けました。

　「私は、先生に話を聞いてもらいたいだけなの。だから、私にしゃべらせて」

不満を吐き出したい

　今思えば、当然のことですが、依頼者は、不満を吐き出せずに婚姻生

活を我慢し続けてきたのですから、どこか吐き出せる場所を求めていたのです。

その後は、時間に余裕のある限り、できるだけ話を聞くようにしました。そうするうちに、想いを吐ききって気持ちが和らいだのか、依頼者は離婚条件の要望水準を大幅に引き下げ、合理的な範囲の要求に近づいたため、調停がスムーズに進むことになり、事件は一気に解決しました。

もし、私に向かって想い吐き出すことで、依頼者の積年の恨みが軽減し、事件がうまくまとまる可能性があるのならば、吐き出す相手役になる、そんな弁護方針もあるのだと気づかされた事件でした。

体験談4

逆に時間を取って面談することで落ち着く

弁護士5年目　男性

堂々巡りの依頼者対応

依頼者とコミュニケーションを取ることは大事ですが、どこまで長時間お付き合いするべきでしょうか。特に離婚の案件になると依頼者の感情が爆発することが多いので、弁護士にとっては悩ましいところです。

私がある年の1月初めに相談を受けた案件のことです。

20代の女性からの相談で、半年前に籍を入れて結婚をしたが、実は結婚前から二股をかけられていて、クリスマスや年末年始の日程の調整がおかしいことから夫の携帯電話を調べたところ、不貞をしていることがわかったとのことでした。

不貞の証拠としては、夫の携帯電話の中に残っていた女性との関係を窺わせるようなメールと女性との性的行為を映した決定的な写真を表示

した携帯電話画面を依頼者の携帯電話で撮影したものがありましたので、調停で離婚と金銭の支払を求める方針で受任することになりました。

しかし、受任してからが長かったのです。なお、不貞の相手方に対する損害賠償請求の事件もあるのですが、今回は割愛します。

さて、夫との離婚調停が始まったのですが、夫は離婚自体を大筋で合意はするものの、「女性との性的行為の写真は結婚前に撮影したものである、メールは友達とのやり取りに過ぎず、不貞の話ではない」として、不貞行為の存在を争いました。そのため、調停期日も3回、4回と重ねられ、裁判所の夏季休廷の期間も重なって、事件の進行がずるずると延びることになりました。

依頼者対応については、相談を受けた当初は依頼者と夫の関係を聴く必要がありましたので、出会った経緯や、不貞行為があったと思われる時期の依頼者、夫の行動について逐次確認してメモを取っていましたが、相手方の書面待ちの時期には、正直なところ、依頼者から新たに聴取すべき事項はありません。

しかし、依頼者は最低でも1週間に1回は事務所に電話をしてくるようになりました。そして、毎回1時間前後、「夫は何故不貞を認めないのか」、「夫に不貞を認めさせたい」、「裁判所が認めないのはどうしてか」、「調停はいつ終わるのか」、「もっと早くするにはどうしたらいいのか」、「早く離婚したい」、「お金がほしい」等の質問や自分の要望を話し続けます。私としては、逐次現在の状況を説明して、「早くするには○○という方法が考えられる、ただし、不貞を認めさせることはできない」、「不貞を認めさせるには……」と回答をし続けるという堂々巡りが続きました。

進捗の有無にかかわらず面談の予定を

私もさすがに他の仕事に支障をきたしてはいけないので、「会議があるのでもう終わりたい」、「午後から裁判に出ないといけないので切りま

す」と言って終了させてはいたのですが、進展がない中で依頼者の陳情につき合い続けて堂々巡りの会話をすることは、かなりのストレスでした。

　とはいえ、電話での対応がおざなりになることは避けなければなりません。そのため、電話にはきちんと対応をしていたのですが、毎回毎回同じ話が続くためさすがに限界が来ました。他方で、依頼者も大きなストレスを感じているため電話をしてきていることはよく理解できましたので、妥協案として、半月～1か月に1回打合せの予定を入れ、何も進展がなかったとしても、とにかく依頼者の話を聞くことにしました。

　そうすると、顔が見えた状態で話すためか電話で話すよりも依頼者が安心するようで、依頼者からの電話攻勢はなくなりました。面談の時間も1時間程度に収まったため、私としても負担感がかなり軽減されました。

　そのようなことを続けているうちに、事件としては相手方は不貞行為の存在自体を認めないものの、それ相当の金銭を支払って離婚するという内容により解決することになりました。

　依頼者自身も、都度、私と話をしている中で争点や落としどころが理解できたようであり、和解案に納得していただけました。

　依頼者対応は弁護士ごとに違いますし、何が正解かはわからないことだと思いますが、今回の案件については粘り強く話を聞き続けることで、良い結末を迎えたのかなと思いました。

ワンポイントアドバイス

◎　離婚事件の相談時間は、長時間になりがちです。聴取すべき事項は多いですし、依頼者も話したいことがたくさんあります。離婚事件の特性だと思って、ある程度は覚悟してお付き合いする必要があります。
◎　とはいえ、弁護士にとって時間は有限です。他の受任事件もあり

ますので、依頼者の陳情が長時間に及ぶときは、ある程度のところで、話を切り上げることも必要となります。もっとも、依頼者の話にお付き合いすべき時間的な目安があるわけではなく、弁護士と依頼者の関係性に応じて対応が異なることでしょう。
◎　依頼者から頻繁に電話がかかってきて、陳情も長時間に及ぶような場合、その原因が依頼者の不安にあることも少なくありません。上手に電話を切り上げることができないからといって、依頼者の電話に応対することを避けると、余計に依頼者が不安になり逆効果となることがあります。
◎　依頼者は、事件の進捗に対する不安から、何か思いついたときや自分の時間が空いたときに、弁護士に電話をしてくるという場合もあります。そういったことが繰り返される場合には、逆に、用件の有無にかかわらず、事前にきちんと時間を確保して面談の予定を入れておくと、電話の回数が減って、話も要領よくまとまり、繰り返しも省略できて、さらには、依頼者本人の満足度も上がるというような場合もあります。
◎　依頼者との関係構築にあたって万能な方法はないというべきです。依頼者ごとに、依頼者の性格も勘案しながら、依頼者の想いにどこまで対応できるのかを試行錯誤していくことが必要です。

Method 18 別居

▶ 『別居のススメ』はホント？

――離婚事件と別居とは、切っても切り離せない関係にある。特に、明確な離婚事由がない場合には、とりあえず別居をして別居期間を稼ぎましょうというアドバイスになりがちである。ただ、安易に別居を選択してしまうと、後に後悔をしたり苦労したりするようなケースがあることを忘れてはならない。

体験談 1

無職の夫と婚姻費用

弁護士8年目　女性

無職でも婚姻費用を支払ってほしい！

　もともと夫とうまくいっておらず、実家に里帰りしてくると夫に言って子どもを連れて実家に帰った妻から、離婚調停及び婚姻費用分担の調停の依頼を受けました。妻が家を出ていく以前から、夫はうつ病で離職しており、再就職の目途もたっていませんでした。

離婚調停は、親権者を妻にするか夫にするかで双方全く話合いがつかず、不成立となりました。婚姻費用分担調停では、夫から、無職であり収入がないので婚姻費用を払うことができないとの主張がされました。無職で収入のない者が婚姻費用を分担することは難しく、この主張は当然だとは思いますが、退職以前は夫の学歴等からみると平均年収以上の年収を受けていたこと、夫名義のマンションの売却代金を保有していることから、一定額の負担は可能でした。そのような事情があったことから、裁判所は、夫は今後の就労可能性が高いとの理由で、夫に対して同年代の平均年収に基づいて婚姻費用を支払うよう命じる審判を出しました。そのため、夫は、無職でありながら、毎月かなりの金額の婚姻費用を妻に支払う義務を負うこととなりました。

　現に収入がないことから、実を言うとあまり期待をしていませんでしたが、無収入でも高額の婚姻費用の支払いが命じられるのだと驚きました。この結果を受け、妻としては、この婚姻費用を毎月支払ってもらいながら、財産分与等をじっくりと争って取れるだけ取れればよいと考えるようになりました。

婚姻費用を支払おうとしない夫

　しかし、夫は、無職であり収入がないことを理由に審判を無視して婚姻費用の支払いをしてきませんでした。

　夫は、妻が把握している預貯金口座から妻の知らない口座に自身の預貯金を移してしまっていました。また、マンションを売却した代金がどこに振り込まれているのかもわからない状態でした。預貯金等がわからなくても夫が働いていれば、給与債権の差押えを行うことにより婚姻費用の支払いを受けることができますが、夫は無職のままであり給与もなく、給与の差押えもできませんでした。

　妻としては、夫から婚姻費用をもらいつつゆっくりと財産分与の対象となる財産を探し、より有利な条件で離婚をしたいとの思いがありまし

たが、夫は全く婚姻費用を支払ってきません。当初は、妻は実家の援助を受けておりなんとか生活ができていましたが、夫は依然として財産を隠しており、なかなか妻の思うように離婚訴訟も進まず、妻の実家からの援助も段々と難しくなってきました。

　妻としては、別居後の生活を維持できるように、夫からの婚姻費用を期待していましたが、結局、別居後、婚姻費用の支払いは一切なされないままでした。この経験から、妻としては、別居するに際して、婚姻費用の支払いを受けられない場合を想定して動く必要があるなと痛感しました。最低限、当面の生活費を確保するために預貯金等をある程度持って家を出ることが必要だと思いました。もちろん、最終的には財産分与のところで持ち出した金員は考慮されることになりますが、当面の生活費を確保するということは重要なことなので、別居するに際してはそれ相応の準備が必要であり、安易に別居をしないようにアドバイスをすることも重要であると感じました。

> 体験談2

別居後の生活はよく考えて

弁護士9年目　女性

まずは別居しましょう

　その女性は、結婚後、出産する際に仕事を辞めたものの、子どもを中学校に入学させた時点で再就職し、相談時には、月30万円ほどの給与収入を得ていました。

　相談者曰く、「長年、夫の散財・浪費や、飲酒した際に行われる暴力等に耐え、夫の借金を自分の収入から支払うなどしていた生活に嫌気が

差した。もはや離婚したい」とのこと。

いわゆる熟年離婚の妻からの相談ですが、裁判になった場合、離婚が認められるかどうか微妙だと思いました。

しかし、「相談者は疲弊しきった様子。相談前日にも夫から暴力を受けたとのことで、腕に痣が残っている。早期別居が望ましい。痣を写真で残し、あとは、調停等で粘れば何とかなるだろう。収入もあるし、別居して粘っている間の生活も問題ないはず。大丈夫。じっくりやろう」そう考え、相談者に、長期戦になる可能性があることを伝えつつ、別居を勧めました。

相談者は別居を決意しましたが、手元資金がありませんでした。そこで、ひとまず相談者の実家にて別居した後、夫に離婚を求めたところ、夫は離婚に抵抗。長期戦の様相を呈してきました。

実家を頼れば安心だと思っていたのに……

「予想どおりだし、問題ないだろう」そう考え、粛々と事件対応を進めていたところ、わずか1か月ほどで妻から「先生、もう少し早くなりませんか？」と催促が……。

事情を聞くと、賃貸先が決まらないでいる間に、実家の親族から「あなたが働いている間、あなたが連れてきた猫の世話を見切れない。猫の匂いや毛、夜鳴きもストレスだ」との苦情が出たうえ、娘が離婚を求めることになった心労からか、依頼者の父が倒れてしまい、実家での依頼者の居場所がなくなってしまったとのことでした。

そのときは、日頃から親しくしていただいている不動産業者に無理を言い、早急に別居先を手配してもらい対処しましたが、そもそも、別居を勧める当初から、別居先の対応についても助言したり、不動産業者を紹介したりしていれば、より依頼者の心労を減らせただろうと、今も時折思い出します。

別居後は何をしても大丈夫？

　別居された側からの依頼でも、苦い思いをしたことがあります。
　婚姻期間20年以上にわたる夫婦で（またも熟年離婚）、妻が、10年以上自分とはセックスレスな中、夫は他のいろいろな女性とは多数回不貞行為をしていると主張して別居し、夫に離婚と慰謝料を請求した事案での、夫からの依頼でした。
　依頼者は、離婚には応じてもよいが、不貞行為は断じてしていないとの言い分。
　関係資料を見ても、不貞行為を裏付ける決定的証拠がなかったため、依頼者の言い分どおり、"不貞行為を否認し、慰謝料減額を狙う"との方針をとりました。
　その後、任意の交渉は早々に切り上げられ、妻から調停が申し立てられました。
　別居から3か月程経過した初回期日直前、申立人（妻）が"調査報告書"を提出。
　すると、そこには、依頼者が妻以外の女性とキスし、ラブホテルに入っていく写真が……
　一瞬、依頼者に隠されていたのかと思いましたが、違いました。
　撮影日付が、つい最近です。
　依頼者曰く、「別居されたうえ、離婚請求もされた後だから、もう妻以外の女性と肉体関係を持ってもよいと思っていた」とのこと……。
　そこで調停では、「婚姻関係は、すでに破綻しており問題ない」旨主張しましたが、調停委員や裁判官の反応は今一つ。
　結局、裁判官から、当方に対し、「婚姻期間が20年以上にもわたっていることに鑑み、数か月の別居や夫婦ともに離婚を求める等していることのみをもって、婚姻関係が破綻しているとは即断できない。そうすると、先般の別居後の肉体関係は不貞行為にあたりうる。相手方（当方）はこの点も踏まえ、和解を検討するように」との指示が出され、不利な内容での和解をして終結しました。

以後、どんな依頼者にも、失礼を承知のうえ、別居後も、当分の間は他の方と肉体関係を持たないように忠告しています。

> 体験談3

別居が精神的な距離も引き離す結果に

弁護士3年目　女性

夫が飲み歩いて帰ってこない……妻からの相談

　妻で夫婦関係がうまくいっていないと相談を受けた際、とりあえず別居を勧めて婚姻費用だけを決めておいて、後はじっくり今後の対応を考えれば……と考えていませんか？　今回は、少しもやもやする部分が残った体験談です。

　最初は、妻から、夫が信頼できないとの相談を受けました。

　詳しく話を聴くと、その夫婦は、付き合っているうちに子どもを授かったため、籍を入れたという、いわゆる「できちゃった結婚」だったのですが、妻が臨月になり、子どもが生まれそうになっても、夫が夜に飲み歩くという生活態度を変えず、妻や妻の母親に対して「子どもが生まれても育てる自信がない」というようになったそうです。また、今後の生活について話し合おうにも、喧嘩を繰り返し、夫のことを信頼できなくなっている、というものでした。なお、夜に飲み歩いている際に浮気をしているのかどうかは、確証がなく、わからない状態でした。

　また、職場恋愛の末に結婚していたため、妻は相談時には出産・育児休暇中でしたが、もし夫と離婚する場合には、同じ職場で働き続けることは感情的にできないため、育児休暇が終わった後は、一旦は復職して短時間勤務をしながら、なるべく早く別の職場を見つけたいとのことで

した。

　ただ、相談の時点ではまだ妻は「絶対に離婚したい」という意思を固めているものではなく、「今後のことを考えると心配である、夫を信頼できない」という状況でした。

　さらに、夫が飲み歩く頻度や、どのような状態で帰ってくるのか、話合いはどの程度もっているのか、ということを聴取しました。

　すると妻からは、夫が酔っぱらった状態で帰ってくると、家で子どもが寝ているのに大声を出したり、そのことをとがめると激高して粗暴な言動があったりするとのことでした。

　そのため、産まれたばかりの子どもに危害が及ぶ可能性もあると考え、「別居するべきではないか」と、別居を勧めました。

　取り返しのつかない危険が生じる可能性があるのであれば、とりあえず別居をして、婚姻費用を請求し、婚姻費用さえ決まってしまえば、後はじっくり離婚の話をするか、場合によっては一旦別居することで頭が冷めて再び夫婦関係が戻ればよい、と考えていたのです。

別居をした時から進みだす離婚への道

　妻は、アドバイスを受け、新しい賃貸物件を契約して子どもを連れて家を出て、「しばらく別居の状態にしたいので、婚姻費用を支払ってほしい」という旨の交渉を始めることになりました。妻が弁護士に依頼したことがわかると、夫との亀裂が決定的になってしまうおそれもあったため、ひとまずは本人同士で連絡を行い、それを私が裏からアドバイスするという形をとることにしました。

　夫は、突然の別居に驚いて、はじめは「帰ってきてほしい」、「離婚ということではなくまずは話し合おう」という内容のメールを返信してきていました。

　しかし、別居のために賃貸物件の契約をし、敷金や礼金を支払い、新しく最低限の家具をそろえ、子どもの関係の役所で手続等をしていくに

つれて、妻の気持ちは急速に離婚の方向に傾いていくことになりました。
　相手方に対して送るメールについても、とにかく「婚姻費用を決めたい」という内容になっていったのです。
　その後も、婚姻費用の分担について本人同士でメールのやり取りが複数回行われましたが、夫は「それよりもまず話合いをしよう」、「今後の生活はどうするんだ」という話から一歩も譲らなかったため、先に婚姻費用を求めるということは、上手くいきませんでした。
　別居を一旦始めてしまうと、本人同士での話合いが長引けば当然、月ごとの賃貸物件の家賃や、子どものおむつ代、服代、おもちゃ代、その他生活費等がかかってしまうことから、お金が足りなくなってくることに妻が焦ってきてしまい、比較的すぐに婚姻費用の分担請求調停を起こすことになりました。
　そして、調停になった場合には、代理人が書面を作成しますし、基本的には調停委員と話をするだけで、本人同士で話をすることはできなくなってしまいます。そのように直接やり取りができなくなっていくと、夫の気持ちとしても、難しいところがあったのでしょう、結局は婚姻費用の分担請求調停を起こしているうちに、夫から離婚を求める夫婦関係調整調停の申立てがなされ、その夫婦は離婚に向かっていくことになりました。
　もしかすると、最初に相談を受けた時点、あるいは、本人同士でメールを送るという話の時点で、弁護士が助言をすることによって修復の方向に行けたかもしれません。修復した方がよかったのか、離婚した方がよかったのかは結局のところわかりませんが、安易に別居を勧めてしまうと、そこから急速に離婚の方向に進んでいく可能性があるということは、しっかり考えておかなければいけません。

ワンポイントアドバイス

◎　夫婦関係がうまくいっておらず離婚をしたいとの相談を受けた場合、同居を続けることによって夫婦関係がさらにこじれたり、日々顔を合わせているとなかなか離婚に踏み切れなかったりということもあるため、別居を勧めるアドバイスをすることはよくあるでしょう。

◎　ただ、経済力のある依頼者であれば問題はないのですが、蓄えがなく、十分な収入もない依頼者の場合には、別居にかかる費用やその後の生活費をどのように工面するか、十分に検討する必要があります。

◎　もちろん、婚姻関係が続く限り婚姻費用を請求することはできますが、相手方が任意に支払わない場合には、調停や審判により債務名義を得るまで時間がかかるため、それまでの間の費用については依頼者で工面する必要があります。

◎　また、債務名義を得たとしても、なお相手方が支払わない場合には強制執行をしなければ金銭を得ることはできません。給与所得者であれば、毎月の給与の2分の1までは差し押さえをすることができるため回収はしやすいのですが、無職や自営業者の場合には回収できない可能性も高いことを忘れてはなりません。

◎　別居の際に、自身の実家に戻ることも多いですが、遠方の場合には環境が変わり子どもも転校する必要がありますし、実の親子であっても長期間同居を続けると衝突することは少なくありません。依頼者が実家に戻るから大丈夫ですと言っても、適切なアドバイスをするために事情はよく聴くようにしましょう。

□ ある弁護士の雑感（その5）

　私は、弁護士となってからちょうど1年後に入籍し、配偶者との共同生活をスタートさせました。最初の1年の間にも、いろいろな離婚事件を経験し、さて自分はどうなることかと思っていましたが、幸い現在に至るまでなんとか円満な家庭を維持できております。

　離婚事件の依頼者は、弁護士に対して配偶者のさまざまな不満を生の声でぶつけてきます。それはさすがに酷いと思うようなエピソードから、そんなささいなことですれ違って離婚にまで至るのかと驚かされるものまで、幅広い体験談を聞くこととなります。特に異性の依頼者の話は興味深く、自分自身が何気なくしていることであっても、不満に思われてしまうことがあると気づかされ、慌てて改めるといったこともよくあります。そういった意味で、離婚事件を多く経験する弁護士は、配偶者への接し方を学ぶことができるといえるかもしれません。

　自身の配偶者へ不満があっても、さらに強烈な依頼者の話を聞いているため、まだまだ可愛いものじゃないかと受け入れることもできます。離婚後、非親権者がなかなか子どもに会うことができない様子をみたり、経済的に苦労する様子をみたりすることで、配偶者から離婚を求められることのないよう、気を付けて生活するようにもなりました。

　離婚事件は、精神的な苦労が多く、解決まで長くかかる割に報酬がそれほど高くならないことが多いことから、忌避する弁護士もいるかもしれません。しかし、自身の円満な結婚生活の維持にもつながっているのだと考えれば、やりたくなってきませんか？

Method 19 | 不貞

▶ それでもアナタはやってない？

——不貞が事件化した場合、少なくとも夫、妻、不貞相手の三者が当事者となることになり、さまざまな思惑が交錯する。不貞が認められてしまうと、有責配偶者として離婚が認められ難くなるということもあり、時には信じられないような言い訳を依頼者が言ってくることもある。弁護士としては、依頼者の主張をどこまで尊重すべきだろうか。また不貞関係にある2人の両方から受任を求められたら、どのように対応したらよいのだろうか。

> 体験談1

本当にそんな主張をするのですか？

弁護士8年目　男性

不貞行為なんてやっていません

　不貞行為に基づく損害賠償請求について、浮気相手とされる男性（被告）の代理人をした際の話です。

この事件は、例えばホテルから出て来たところを撮影した写真などの決定的な証拠はありませんでした。その代わり、形式的には浮気とは関係のないように読めるのですが、浮気をしているとも読むことができるメールが相手方から多数提出されました。相手方の主張は、隠語を使い、浮気ではないかのように偽装しているというものでしたが、隠語を使っているのか、本当にメールの内容どおりなのか、どちらに転んでもおかしくない証拠関係でした。そこで、依頼者に対し、不利に理解され得るメールであることを説明したうえで、「もし不貞行為があったなら、正直に言ってほしい」と伝えたのですが、依頼者は、浮気を否定しました。そこで、メールの内容で不自然だと思われる点について、一とおり質問をしたのですが、一応筋の通る説明をしたことと、依頼者の強い希望もあったので、不貞行為の事実について徹底的に争うことにしました。

マンションの入口で社交ダンスの練習をしていました

　しかし、何回かの期日を重ねた後、依頼者と原告の妻とが、依頼者の家の前で抱き合っている写真が、証拠として提出されてしまいました。この写真とメールを併せると、不貞行為があったと推認されても仕方がないというものでした。
　さすがに、これは弁解の余地がないと考え、和解を勧めるべきと判断し、依頼者との打合せの機会を設けました。しかし、依頼者に写真のことを聴くと、「確かに写っているのは私たちですが、これは社交ダンスの練習をしていたのです」との回答が出てきました。
　なるほど、確かに見方によっては社交ダンスに見えなくはないシルエットです。ただ、その場所がマンションの入口付近の暗がりで、かつ、スペースも半畳ほどの空間であったため、ステップを踏むこともできません。そもそもそこで社交ダンスを練習する理由がありません。
　当然、依頼者に対しそのことを説明し、そのような反論は通らない可能性が極めて高いし、下手をすれば原告の怒りに火を注ぐだけであり、

裁判所からみても反省していないとして賠償額が高額になる危険すらあると説明しました。しかし、依頼者は、それでもよいので社交ダンスであると主張してほしいと頑なに要求してきました。

　無理な主張をするのは恥ずかしいものの、主張したいことを主張して負けるのと、主張せずに負けるのとでは、前者の方が依頼者としても結果に納得しやすいと思い、依頼者の希望どおりの主張をすることにしました。

　その後、尋問前に和解期日が入れられたのですが、想定していたとおり、裁判官から、不貞行為があったとの心証を抱いていると、やんわりと説得されました。しかし、依頼者が、きちんと戦い抜きたいと望んでいる以上、結果に納得してもらうためにも、ここで退くわけにはいきません。

　「裁判官！……ここは、次回期日に本人に同席してもらうということでどうでしょう……」

　決して、自力で裁判官や依頼者を説得することを諦めたわけではありません。今までの依頼者との打合せを通じて、できることを全て行い徹底的に戦ったうえで裁判官に判断してほしい、という依頼者の気持ちがわかっていたので、裁判官と直接話をした方が本人も納得できるだろうと考えたためです。

最後は依頼者の納得次第

　その後、期日で裁判官と依頼者が話をしたところ、裁判官の説得に納得したようで、和解に応じることになりました。

　依頼者に「なぜ、争ったのですか」などと聴くこともできず、結局なぜあんなにも戦い抜こうとしたのか、その理由はわかりませんでした。単に、お金を払いたくなかったのかもしれません。もしくは、依頼者は、真剣に原告の妻を愛しており、それが不法行為と評価され悪いことのように扱われるのが嫌だったのかもしれません。

普通の訴訟でも感情的な問題が出てきますが、離婚や不貞の問題は、色恋沙汰が絡む分、通常よりも、当事者が感情的に納得できるかどうかを考えないといけないのではないかと考えさせられる事件でした。

> 体験談 2

不貞関係にある 2 人の両方から依頼されたケース

弁護士 7 年目　男性

最初は妻からの相談だけでした

　夫、妻、子の 3 人家族において、妻から相談を受け、夫婦関係調整調停を受任したのが始まりでした。

　依頼者は、私のところに相談に来る前に、すでに夫との間で協議を行っており、すでに夫とは別居していました。話をよく聴くと、夫とのセックスレスが原因で不倫をしており、不貞相手と会っている写真を探偵業者に押さえられてしまった、そのために夫から別居を申し入れられた、ということでした。

　その写真を見せてもらったところ、東京都外にある男性の自宅マンションに外泊している依頼者の姿が撮影されていました。依頼者曰く、夫とは離婚したうえで、不貞相手と再婚したいと考えており、不貞相手も同じ意向である、ということでした。

　結局依頼者からは、夫婦関係調整調停申立ての依頼を受けることになりました。ただし、私から依頼者に対しては、そもそも有責配偶者として離婚に至ること自体が容易ではないこと、仮に離婚が成立したとしてもその後に夫から慰謝料請求が行われるか、または慰謝料的要素を含ん

だ離婚条件となる可能性が高い、という説明を行いました。

不貞相手との面談

　後日、依頼者から電話があり、不貞相手が夫から慰謝料請求訴訟を提起された、不貞相手を連れて行くから相談に乗ってあげてほしい、と言われました。この時点では、依頼者と夫の夫婦関係調整調停自体がほとんど進んでおらず、予想よりも早い段階の訴訟提起でした。

　当時は弁護士２年目であったこともあり、いろいろな事件を受任して経験を積みたいという思いが強い一方で、「あれ？　不貞関係にある男女双方から相談を受けても大丈夫だったかな？」と急に不安に思い、弁護士職務基本規程を確認するとともに、兄弁にも相談しました。調べた結果、少なくとも現時点では相談を受けることができる、という判断に至りました。

　不貞相手が依頼者とともに来所し、相談を受けました。不貞相手から話を聞いたところ、不貞の事実を認めるとともに、「10年以上前から彼女のことをずっと想っていました。彼女が結婚した後もなかなか忘れられませんでした。彼女から夫婦関係が冷めきっていると相談を受けたのでつい……。夫の方には申し訳ない気持ちでいっぱいですが、離婚が成立したら再婚したいと考えています」ということでした。私は、こんな昼ドラのような展開があるのだなと、感心していたところ、「慰謝料請求訴訟を依頼したいです。肉体関係があったことは争うつもりはありませんが、再婚を考えていることは伏せてもらいたい」と依頼されました。

利益相反の悩み

　私はこの相談を受けた当初、受任に消極的でした。不貞事件ではよくある展開ではありますが、弁護士であればこの不貞相手の依頼を受任す

べきかどうか悩むことが多いのではないかと思います。

　肉体関係を認めるという訴訟方針が、依頼者の離婚事件本体の形勢を不利な方向に導くものであるという点もありますが、やはり仮に不貞相手が不倫慰謝料を払うことになれば、依頼者との間で求償関係が生じてしまう点が最も悩ましいところです。事情によりこの2人が交際を終了した場合に、求償権を現実に行使することがあり得るかもしれません。

　結局私は、この案件を受任することにしました。ただし、

① 肉体関係の存在を認めることについて異存ない旨の方針確認書を依頼者との間で作成する

② 仮に不貞相手が依頼者に求償権を行使する事件に発展した場合には、双方の依頼を辞任する対応をとる

③ ①、②について依頼者、不貞相手双方が同意する旨の同意書を作成する

ということを条件としました。双方ともに、将来的に紛争になる可能性があるなどとは全く考えていないようで、これらの条件には異議はでませんでした。

　その後、慰謝料請求事件は相場どおりの慰謝料を支払う内容で和解となりましたが、依頼者の離婚事件本体は揉めに揉めました。依頼者の夫が、「不倫関係にあった2人が同じ弁護士に頼んでいるということは、2人は今も情交しているに違いない」と激怒したためです。そのような経験則があるかどうかはさておき、確かに夫からすれば、そのような気持ちを抱いても不思議ではないのかもしれません。

　結局、離婚事件本体は約2年の月日を経て、無事離婚成立となりました。聞いたところによると、現在、依頼者と不貞相手は再婚し、幸せな（？）家庭を築いているようです。現時点では、利益相反のおそれが顕在化している様子はありません。今後も顕在化しないことを祈るばかりです。

> 体験談3

当事者以外の人から依頼を受ける苦労

弁護士5年目　男性

訴訟当事者ではない男性からの依頼

　2人の女性と不貞行為を行った男性の妻から、2人の女性に対して不貞行為を理由として慰謝料請求訴訟が提起されました。訴額はそれぞれに対して300万円でした。男性から依頼を受け、1人の女性Aについて受任することとし、もう1人の女性Bについては友人の弁護士に受任してもらいました。担当することとなった女性Aに対しては、男性からの依頼で受任したこと、男性と女性Aとの間に紛争が生じた場合には、男性から女性Aの利益を守るための活動はできないことを説明しました。

　実は、訴訟前に、妻側から「訴訟を提起されたくなかったら1,000万円支払え」という請求を受けており、男性は、訴訟前、不貞行為の事実をAについては「一度か二度、仕事上の成り行きでそういう関係になったことがあるが、継続的な関係ではなく、浮気の認識はなかった」として、ただ、関係があったことは事実であると認めていました。

　その後、訴訟が提起され、証拠関係が明らかになると、一度や二度の不貞行為ではなく、継続的関係があったことが判明したのですが、同時に、Aに対しては、男性は、妻との関係はすでに破綻していると説明し、2年間にわたってAを口説いていたことが判明しました。Aに対しては、妻は離婚を前提に家を出ており、すでにほかの男性と交際をしていること、離婚を前提に話し合っているが、条件面で折り合わず、なかなか協議が整わないなどと説明していました。

　Aは、男性と仕事上の関係があり、男性と仕事で会う機会はあったものの、個人的に会うことは、当初はありませんでしたが、Aが勤めてい

た会社を解雇されることとなり、生活が不安定になった際、男性が自身の経営する会社で働くことを勧めたり、生活を支援することなどを約束して口説いたため、女性Ａはこれにほだされ交際をすることとなったことが判明しました。

依頼者と訴訟当事者との意見の衝突

　そこで、最終的に費用は全額を男性が支払う条件で、女性Ａについては不法行為不成立を主張することとなり、陳述書の作成に協力し、証人尋問も行うことを約束するなど、当初は協力的でしたが、第１回口頭弁論から２か月を経過する頃には、精神的不調を訴えはじめ、和解で終わらせることはできないかと言い始めるようになりました。実は、女性Ａは婚姻中であり、このような状態が続いていること自体が非常に精神的負担であるというのです。男性が、「すべて自分が負担する」、「和解で解決できると思う」と述べていたこともあり、訴訟を続ける意思がゆらいできたのです。

　しかし、本件訴訟は、証人尋問まで行えば十分に勝訴可能性があり、勝訴とまではいかなくても、少なくとももう１人の不貞行為の相手方である女性Ｂに対しても300万円の慰謝料請求訴訟が提起されていること、Ａは男性に騙された要素が強いこと、男性と妻との間の婚姻関係は３年と短く、不貞期間も10か月程度であり長期であるとはいえないことなどを考えると、相当の金額が減額されると思われました。

　そのような状況において、男性の「すべて自分が負担する」との言葉に甘えて、男性の負担で正当とはいえない高額な賠償金を払って和解するという考えには直ちに賛同できない、自分自身で賠償金を支払う意思がないのであれば、せめてできることは行うべきではないかと説得しました。

　結果として、女性Ａの納得を得ることができ証人尋問を行い、証人尋問後の和解で20万円を女性Ａが支払うことで（実際には男性が負担）、

解決しましたが、弁護士として、女性Ａと男性の利益相反にならないかハラハラした事案でした。

ワンポイントアドバイス

◎　不貞問題が訴訟に発展する場合、原告側は限られた証拠で不貞を立証できるのかに頭を悩ませることになりますし、被告側は提出された証拠を前提にしても不貞は存在しないと必死に主張する道を探ることになります。

◎　不貞を決定的に裏付ける証拠が出てきてしまった場合に、不貞の存在を素直に認めるか、それでも否定し続けるか、最終的には依頼者本人が判断することですが、アドバイスをする弁護士としても悩むところです。

◎　一般的に、当事者が不貞を最後まで否定したにもかかわらず裁判所が判決で不貞の存在を認めた場合、最初から不貞を認め謝罪の意を表明している場合に比べ賠償額も高くなりますから、勝ち目がない場合には経済的な観点からすると認めた方がよいということにはなります。ただ、さまざまな事情から最後まで認めないということも少なくなく、その場合には代理人としてできる限りのサポートをすることになります。

◎　不貞について相談を受けた場合、気をつけなければならないのが利益相反の問題です。不貞関係にある２人の仲に亀裂が入っていない場合、両者から相談を受けるということはよくあることです。ただ、その２人は、潜在的には利益相反になる可能性を秘めているため、両方から受任するかについては慎重に判断するとともに、仮に両方から受任するとしても弁護士が責任を負うことのないように予防する必要があることは、決して忘れないでください。

Method 20 | DV

▸ 被害者にはとことん付き合え

——「配偶者からDVを受けているので離婚したいです」、弁護士をしているとそのような相談をされることは決して少なくない。具体的にどのようなDVを受けているのかについて、時間をかけて聴取する必要があるし、事案によっては緊急の対応をしなければならない。傷つき疲れ果てている相談者に配慮し、事件は慎重に進めなくてはならない。ただ、当初の想定とは異なった解決に向かうことも少なくないようである……。

体験談 1

モラハラはどこまで我慢すべき？

弁護士5年目　女性

外から見ると幸せな家庭、でも実は……

「DV事案」の相談といっても、いろいろなケースがあります。
　日常的に暴力を振るわれているようなケースから、口論の末、たった一度だけ手をあげてしまったようなケース、そして、暴力は振るわない

が、精神的なDV（モラハラ）が日々行われているケース等々……。

　おしどり夫婦といわれていた芸能人夫婦の妻が、夫のモラハラを理由に離婚を申し入れたというニュースはまだ記憶に新しいですが、そのニュースが大々的に報じられた頃、立て続けに数件、妻側からの離婚の相談がありました。全て、夫のモラハラを理由としたもので、芸能人夫婦のニュースを見て、うちもモラハラだと気づいた、今すぐにでも自由になりたい、というものでした。

　それらの相談の中で、とても印象的だった事案があります。

　それは、結婚して20年以上経った40代後半の夫婦の離婚事案でした。相談者は専業主婦で、私立の学校に通う大学生と高校生の子どもが１人ずつおり、都内に一軒家を所有し、毎年海外へ家族旅行をしていたというのです。はたから見れば、何不自由ない、幸せな家族のように思えます。

　ところが、夫の嫉妬が原因で、相談者は元々していた仕事を辞めさせられパートしか許してもらえなかった。自由な外出を認められず、たまに出かけても何度も電話がかかってきて、居場所の確認をされる。夫は怒りっぽく、自分の思いどおりにならないと、大きな声で怒鳴ったり、物を投げたりする、とのことでした。

　「働いていた頃の貯金もあるので、家を出て別居します。それから、離婚の話を進めます」

　大変疲れた様子ではありましたが、相談者の言葉に、強い意志を感じました。私も、相談者の考えに賛同し、受任することとしました。

　一方、夫は、妻と子どもが出て行ってしまったのは青天の霹靂で、なぜ離婚したいのかわからない、妻も子どもも愛しているのでやり直したいと、頑なに離婚を拒否。途中から夫にも男性の代理人が就きましたが、開口一番、「夫は、妻が好き過ぎるだけ。もうちょっと我慢できないの？」。

　このまま代理人同士の話合いによる解決は難しく、また、時間がかかることが予想できたので、すぐに夫婦関係調整の調停を申し立てるとともに、離婚までの生活を安定させるために婚姻費用の分担請求調停を申し立てました。

考え直してみてはどうですか

　調停委員は、初老の男性と女性のペアでした。最初に男性の調停委員から言われたのは、「束縛は、愛情の裏返しなのだから、ご主人は奥さんを愛しているということでしょう。特にこれといった大きなきっかけもないのだし、ご主人も反省してやり直したいと言っている。ご夫婦でよく話合いをして、考え直してみてはどうか」というものでした。一瞬で、相談者の表情が曇りました。女性の調停委員は、相談者側の気持ちに添ってくれましたが、終わってから、相談者から、「私の言っていることは、わがままなのでしょうか……」と暗い表情で言われたのは忘れられません。

　明らかに物理的な暴力を振るわれるようなDVとは違い、モラハラの基準は人によってさまざまで、厳しい束縛も、双方納得していれば、それはモラハラには当たらないでしょう。怒鳴る等の行為も、その頻度や状況によっては喧嘩の延長でモラハラとまでは言えないかもしれません。このようにモラハラの判断は難しく、また、もちろん、人にもよると思いますが、モラハラについての男女の意識の差はまだ深いように感じます。

　さらに、この案件では、相談者と同居している子どもたちの私立学校の学費負担という金銭的な問題もありました。相談者は、自分の生活だけでなく、子どもの生活までみる必要があり、パート収入しかない相談者にとって、今後の生活が金銭的に苦しくなることは容易に想像できました。

　しかし、相談者の離婚の意志は固く、元々有していた資格を生かして、あっという間に正社員の仕事に就きました。子どもたちも、バイトを増やしたり、塾に通わず自分で勉強する等、全面的に相談者の応援をしてくれました。

　最終的には、相手方代理人も男性の調停委員もモラハラによる離婚に納得してくれ、全員で夫を説得する形となり、成人するまでの子どもの学費のみ夫が負担とすることで、離婚が成立しました。

意志を貫いた結果得た幸せ

　離婚後、相談者は、女性1人で、高校生と大学生の子どもを抱え、生活していくことになります。今までのような一軒家もなければ、毎年の海外旅行も難しいでしょう。

　もし、私があのとき別居を止めていれば、または、男性の調停委員とともに、離婚を考え直すよう説得していれば、離婚することなく、今でも家族みんなで生活していたのではないか。そうすれば、相談者も子どもも経済的にゆとりのある生活が送れ、幸せだったのではないかと思うときもありました。

　しかし、後日、相談者と偶然会ったとき、「金銭的には大変だけど、自由に仕事ができて、お出かけできて、支えてくれる子どもがいて、本当に幸せです！」と笑顔で言ってもらえました。その表情は、初めて会ったときには想像できないような、明るく、キラキラと輝いたものでした。

　新しい人生を始めるのに、遅いも早いもありません。いくつになっても、どういう状況でも、自分の思い描く理想の人生が歩めたとき、人は輝くことができると再認識した事案でした。

　今は、新しい人生を始めるお手伝いができて、本当によかったと心から思います。

> 体験談2

本当はどちらに責任が？

弁護士3年目　男性

夫からのDVが辛いんです

　DV事案は、聴き取りに特に注意しなければならない事案の1つだと思います。私が以前に担当した案件で、夫からのDVを訴え、離婚と親権の獲得を主張し、調停を申し立てた案件がありましたが、手続を開始すると、どうも相談者の側に問題がありそうでした。

　相談者は、離婚経験があり、前夫との間に小学6年生と中学2年生の2人の子どもがあり、現夫との間に3歳になる1人の子どもがあり、合わせて3人の子どもを持つ母親で、3人の子どもと現夫と5人で生活していました。また、相談者も夫も働いており共働きでした。

　相談者の話によれば、婚姻当初は、夫は自身にも2人の子どもにも優しかったが、夫との間に子どもができると、前夫との間の子どもにつらく当たり始めるようになり、前夫との子どもと自分自身に対するモラハラが行われているとのことでした。また、現夫は、学生時代は柔道の全国大会に出たことがあり、現在は、地元の社会人バスケットボールチームに所属して活躍するなどのスポーツマンであって、身長も180センチメートルくらいで体格もよいが、非常に乱暴であり、前夫との子どもに対してひどいことを言ったり、手をあげることがあるということでした。また、相談者が前夫との子どもを庇うと相談者に対しても手をあげ、エスカレートすると包丁を持ち出すこともあるとのことで、警察に通報して警察官から夫をなだめてもらったこともあるとのことでした。前夫との子どもに対するモラハラとは、すなわち、前夫の無能をけなし、前夫との間の2人の子どもの成績の悪さ、態度の悪さを指摘し、嫌味を言う、

中学2年生の子どもに対しては「お前が進学できる高校はない」、「行く末は社会のクズになる」等と指摘し、試験等で悪い点数を取ってくると手をあげる、というものでした。

　再婚をした女性が、前夫との間の子どもを引き取り現夫との間に子ができた場合、現夫が前夫との間の子どもに対して冷たくなるという話は珍しい話ではなく、私も大きな疑いを持たずに話を聞いていました。

被害者は夫だった

　しかし、調停が始まってみて、相手方の話を聞くとどうも言っていることが相談者と正反対。相手方は、前夫との子どもの生活費も教育費も全て負担していて、相談者があまりに教育に不熱心であり、前夫の子どもが進学が難しいことを真剣に考えていないと主張しました。子どもに手をあげたことはなく、相談者に対して手をあげたことはあるが、それは相談者が激高して包丁を振り回し始めたため、落ち着かせるために包丁を取り上げ、相談者の顔を平手で一回叩いた、というものでした。また、相談者が警察を呼んだことがあることは事実であり、むしろしばしばある、とのことでしたが、相談者は、口論になるとすぐに警察を呼ぶために警察の方でも多少手を焼いているとの様子が窺われました。相談者の生い立ち、家族関係、前婚の離婚原因、現夫との婚姻に至った理由、現在の生活状況等を総合的にみると、どうも問題は相談者の側にありそうでした。特に暴力に関しては、加害者は相談者であり、現夫は被害者ともいえる立場のようでした。しかも、調停が進むにつれ、相談者は、婚姻の継続を希望し始めました。

　結局、「子どものため」と言って現夫が折れて調停は終了しました。
　弁護士として、相談者に騙されっぱなしの事件でした。

> 体験談3

弁護士が依頼者に振り回された話

弁護士7年目　男性

DVの相談先は法律事務所だけではない

「夫から暴力を受けています。『お前はダメな奴だ』と罵られ、もう耐えられません。子どもはいませんし、夫と別れたいと思います。夫とはもう別居しています」

夫から継続的に肉体的・精神的なDVを受け続けていたAさんのご相談です。顔には叩かれたような痣がうっすら残っていました。

DVに悩む被害者の相談先は法律事務所だけではありません。警察、配偶者暴力相談支援センター（男女共同参画センター等）、健康福祉センター、民間団体、そしてDV被害に関する相談先がわからない人のために、内閣府は相談機関を案内するDV相談ナビサービスを実施しています。

相談先が複数に存在する中、弁護士に依頼するというケースは、他の相談機関で弁護士に相談するよう勧められたケースが多いと考えられます。このようなケースでは、DV被害者は精神的にかなり疲弊しており、自分自身の気持ちをコントロールできなくなっていることが多く見受けられます。

「他の機関に相談したことはありますか」

「別居する前から何度も警察には行っています。また、地域の健康福祉センターにも相談していました」

「何度もですか」

「はい。たびたび警察にお世話になっています。夫が刑事事件を起こして、警察が自宅まで来たこともあります」

そうなると、過去、依頼者がどのような内容で警察に相談していたのか、その経緯を詳しく知る必要があります。

依頼者の言葉を信じることの難しさ

　離婚を選択する場合、生活費の問題は避けて通れません。そこで、どのようにして依頼者が生計を立てているかを確認する必要があります。
「Ａさんは会社員ですよね。夫のＢさんはどんな職に就いていますか」
「今、夫は無職です。私の給料で暮らしていました」
　経済的にはとうに別居を開始できたのに、なぜこれまで離婚をしなかったのかという疑問が生じます。
「Ｂさんの暴力は、何年も続いているのですね。これまで離婚しようとしなかった理由は何ですか」
「夫は優しいときはとても優しい人なんです……。ですが、無職になって、働く気力を失ってしまって、『もうこの人とはダメだ』と思うようになりました。今まで夫を信じてきましたが、この人を信じるのは止めようと思ったんです」
　このとき、弁護士は「依頼者の気持ちに変わりはない」と安易に信じてはいけません。依頼者はしばしば自分自身の気持ちをコントロールできないものなのです。
　その後、何度かの打合せを経て、夫に受任通知を発信し、依頼者には夫とは連絡を取り合わないよう固く伝えました。

警察にて

　その後、依頼者の強い要望があり、一緒に警察署に伺いました。そこで、これまで依頼者の相談を継続的に受けていた警察官から話を伺うことができました。

「差し支えなければ、今までの相談の経緯を教えていただけますか」
「弁護士さん。言いにくいのですが、Ａさん、すぐに気持ちが変わりますよ。絶対にＢさんとよりを戻しますからね」

突然の解任

　それから間もなく、すでにＢさんと離婚についての条件を詰めている時期のこと。依頼者から私を解任するとの連絡がありました。
　「夫から連絡がありました。ちゃんと働く、暴力は振るわないから一緒に暮らそうと。ですから先生、私、もう一度夫を信じてみようと思います。やり直せると思うんです。ですから、もう離婚の手続を進めないでください」
　これまで何度も自分に暴力を振るい、信頼を裏切った相手をどうして信じられるのでしょうか。冷静に考えれば、不可思議な話です。しかし、夫を信じたい、夫には私が必要だという気持ちが勝ってしまうのです。
　その後、この依頼者は何度も復縁⇒別居⇒復縁⇒……を繰り返すことになります。
　ＤＶ事案において、依頼者が離婚と復縁を繰り返すケースは珍しいことではありません。揺れ動く依頼者を前に、どのようにして依頼者に寄り添うべきかは、常に弁護士を悩ませる問題です。

ワンポイントアドバイス

◎　ＤＶに関する相談者は、配偶者からのＤＶについて長期間一人で悩みぬいた末、やっと決断をして弁護士のところまで来たという人も少なくありません。弁護士の対応次第では、相談者をさらに傷つけてしまうおそれもあるため、相談者の話におかしな点があったとしても、安

易に否定をしたり疑問を呈したりしてはいけません。
◎　DVの類型や程度、その被害の大きさなどはさまざまであり、それによってその後どのような対応をするかも変わってきます。相談者の中でも話が整理されていないこともあるので、事情については根気強く詳細に事情の聴き取りを行いましょう。
◎　配偶者の暴力による傷などがあれば、客観的な証拠ともなりますし、DVとして主張することに迷いはありません。しかし、精神的なDV（モラハラなど）の場合、証拠に乏しく、第三者に理解してもらうことは容易ではありません。その場合は、調停を通じて、根気強く主張を続けるようなことも必要かもしれません。
◎　DVを主張する相談者の中には、離婚をしたいがために配偶者の行為を誇張して話す人もいますし、場合によっては、むしろ配偶者の方が被害者というケースもまれにあります。ただ、疑わしきは罰せずではありませんが、多くのDV被害者を傷つけることのないよう、基本的には依頼者を信じ切るというスタンスで臨むべきでしょう。

□ 調停室での弁護士の涙

　離婚調停では妻が夫のDVを主張することがよくあります。そして、妻が夫に対し、子どもとの面会を夫に認めることの条件として夫がDV更生プログラムを受講するように提案することがあります。

　このような提案を受けたとき、夫側は、DVを否定したりすることも多いと思いますが、ある男性は自らのDVを認め、全部で数十回もあるプログラムを受講すると妻に約束しました。夫は、本当はDVを否定したいけれども、妻と寄りを戻したいので妻に自分が変わる意志があることを示す狙いもあったようでした。

　DVプログラムは全数十回、毎回費用と交通費もかかります。決して多くない給料から婚姻費用を支払っている夫には大きな負担だったと思います。それでも夫は欠かすことなくプログラムに通い続けました。十数回通った頃から夫に顕著な変化が生じているのがわかりました。まず、弁護士に対する対応が変わりました。これまで弁護士に対しても自分の都合や意見を優先して話をすることが多かったのですが、弁護士の意見や都合にも耳を傾けるようになってきました。自分の立場しか見えなかった依頼者が第三者的な視点も持ち合わせるようになってきたとはっきりと感じました。

　私としては、DV更生プログラムの効果については正直、懐疑的でした。しかし、この依頼者には素直に人の話を聞く心があったからでしょうか、DV更生プログラムを受講する中で、顕著な変化が見られました。では、妻に変わった自分を認めてほしいとの夫の想いは実ったのでしょうか。残念ながら、最後まで妻の態度は頑ななままでした。

私から見てもはっきりと内面の変化があったので、弁護士としては、妻にも少しは成果を認めてほしいという想いがあったのですが……

　これまで、全く前に進まなかった調停も夫が大幅に譲歩し、無事まとまりました。調停が無事成立した後、予想外にも夫から一言だけ妻に言わせてほしいとの提案があり、妻もそれを受け入れました。夫から出た言葉は妻への感謝の言葉と妻と子どもの将来を気遣うとても優しい言葉でした。感動的な言葉を聞いた調停委員、弁護士（誰とは言いませんが）の目には薄っすらと涙が浮かんでいた気がします。

　私が経験した調停で、それは一番感動的な調停でした。

Method 21 | 相手方本人

▶ 第 2 の依頼者だと思え

――離婚事件の場合、訴訟や審判となればほとんどの方が代理人を就けるが、協議や調停の段階では本人が対応することも少なくない。弁護士相手とは異なるやりやすさ、やりにくさもあるが、どのような点に注意をして事件対応をしていけばよいのだろうか。

> 体験談 1

相手方本人に対応する苦悩

弁護士 5 年目　男性

相手方本人に対応する苦悩

「お前が俺の嫁を誘惑したんだろ！」
離婚事件の相手方の男性が、受話器の向こう側で叫びます。
「Bさん、(時系列的にも年齢的にも) そんなことするわけがないじゃないですか……」
離婚事件において、常に相手方に弁護士が就いているとは限りません。

185

一般的な民事事件よりも、弁護士が就かないケース、つまり相手方本人対応をしなければならないケースが多いように思われます。その場合、弁護士対応の場合と全く異なる事態に巻き込まれることが多々あります。

そんな例をご紹介します。

相手方が弁護士を無視しようとするケース

「……繰り返しますが、私が妻のAさんから、あなたとの離婚事件を受任し、Aさんの窓口となっています。Aさんに連絡することは止めてください」

「俺はお前を弁護士だと認めないぞ。妻への連絡は止めないからな！」

一般の民事事件では、相手方に弁護士が就任していないケースであっても、「相手方から依頼者本人への連絡が止まらないケース」は珍しいと思われます。

しかし、離婚事件では、相手方が素直に依頼者への連絡を止める場合の方が珍しいように思われます。

そこで、依頼者には「相手方本人と直接連絡を取ってはいけない」ということを、丁寧に説明する必要があります。

「Aさん、これからは私がBさんと交渉しますので、AさんからBさんへ連絡することは止めてください」

「夫からの連絡がしつこいのですが、返信も駄目ですか」

「返信も止めてください。一度でも返信すると、Bさんが返信を期待して何度でも連絡してくるからです」

しかし、相手方は諦めません。何が何でも依頼者との連絡を回復しようとします。

「先生、夫からメールがありました。『弁護士は君と僕との間のノイズだよ。弁護士を辞めさせて、最後に2人で会おう。そうしたら、君の希望する条件で離婚するから』というのです。なかなか交渉が進まないようですし、一度夫に会って、2人で話し合った方がよいのでしょうか

……？」

「Ａさん、私が経験した限りでも、そのようなことを言ってくる男はたくさんいました。ですが、その言葉を守った男に出会ったことは一度もありませんよ」

依頼者が関係修復を願うならともかく、離婚の強い意志を示している場合、間違っても相手方の言葉を無条件に真に受けてはなりません。

どんなに無視をされても、「弁護士が窓口だ」と相手方に認識させるよう努めなければなりません。

弁護士への暴言を浴びせかけるケース

妻（依頼者）は徹底的に夫（相手方）を嫌っており、復縁の目途などどこにもないと思われるような事案。しかし、相手方は「話せば妻が戻ってきてくれる」と固く信じて疑いません。「弁護士が自分と妻との間を引き裂いているに違いない」と考える相手方は、何としても弁護士を介さずに依頼者に連絡しようと必死になります。

しかし、もはや依頼者からの何の連絡も期待できないと悟るや、攻撃の矛先は弁護士に向きます。すると、相手方は冒頭の暴言を弁護士に浴びせるような事態が起こるのです。

このような場合、もはや冷静な話合いは期待できません。確かに、管轄の問題などで速やかに調停を申し立てることが難しいときもあります。しかし、このような場合は、速やかに裁判外の交渉から調停を通じた離婚協議へ争いの場を移さないと、不毛な言い争いに巻き込まれ、強烈に感情的な攻撃を受け続けることになります。

法律事務所に乗り込んでくるケース

「弁護士に会わせろ、話合いに来てやったぞ！」

相手方の勤務先と法律事務所が近い場合、相手方が法律事務所に乗り込んでくる場合があります。

　「敵陣に単身乗り込む」という発想がどこから出てくるのかわかりませんが、よほど勝算があるからか、よほど感情的になっているからかもしれません。いずれにせよ、冷静な話合いは期待できません。相手方にとって、「弁護士は憎き敵」なのですから、話合いなどしようと思っていないかもしれません。

　そこで、「〇〇弁護士は、今出張中で不在にしております」と言って、速やかにお引き取りを願いましょう。お引き取りを願っても、どうしても聞き入れない場合はやむを得ません。警察への通報を視野に入れて対策をとりましょう。

> 体験談2

パワハラ夫との意外な解決

弁護士7年目　女性

人の話を聞かない夫

　夫のパワハラが原因で、子ども2人を連れて別居した妻の事件を受任しました。夫は自営業でいわゆるワンマン社長タイプの人で、結婚生活においても妻の人格を認めないような言動（「お前に何ができる」、「どうせお前は役になどたたない」など）が多くあったようでした。妻はもう一緒にやっていけないので離婚したい、という決意が固かったのですが、夫はそれほどに妻が思いつめていたことに思いは至らず「なぜ？」としか思わなかったのでしょう、「勝手に出て行って許さない」、「今謝れば許してやる」、「お前の分際でなんだ」と妻にメールしてきていまし

た。

　そこで、私は、離婚、養育費、婚姻費用分担の各調停を申し立てました。夫は弁護士に依頼せず、本人で対応するとのことでした。依頼者によれば、夫は本当にワンマンで、人の言うことに耳を貸さない、自分の言いたいことしか言わない、暴力を振るうこともある、とのことで、私は、夫に代理人がいないのは少し厄介だなあ、と感じていました。

　実際、調停が始まると、夫は、やはり、妻が非を認めて謝罪するなら許してやる、離婚してもいいが親権は自分が得る、子どもは自分が育てるので養育費は支払わない、暴言、暴力を振るったことは一度もない、何に使うか明細を出すなら婚姻費用を支払ってやってもいい、などと主張しました。そのうえ、代理人を依頼しなかったにもかかわらず、なぜか期日では「次回は凄腕の弁護士を３人連れてくるから」と調停委員に言い放ちました。私としては、夫本人では全く歩み寄りがないなあと思っていたので、弁護士を連れて来てくれるなら話が進むかなと期待していました。

意外すぎる態度の変遷

　ところが、夫は２回目の調停期日も弁護士を連れては来ませんでした。前回と同じ言い分だと全くまとまらないな、と思っていた矢先、２回目の期日での夫の主張は、驚いたことに、こちらの言い分をほとんど受け入れるというものでした。そもそも２回目の調停期日で離婚と関連調停がまとまるなどということは、私の経験上、数えるほどしかなかったので本当に驚きました。しかし、驚きはそれだけではありませんでした。調停がめでたくまとまり終了し、事務所に戻った後、夫から電話があり、「今日はありがとうございました。お願いですが、妻に手紙を書くのでできれば渡してほしい、渡すかどうかの判断は先生にお任せする」と丁寧に言ってきたのです。もちろん私は夫に有利になるようなことは何一つしておらず、感謝される理由に心当たりなどありません。それどころ

か、これまで徹底抗戦のような態度をとられてきたので、さてどうしたものか、と考えていたのですから……。
　相手方が本人の場合には対応に苦慮するというのが通常のパターンであるところ、このケースは全く逆で、貴重な体験でした。

体験談3

別の意味での本人対応

弁護士10年目　男性

受任はしませんが……

　突然、配偶者に子どもを連れて家を出ていかれたうえ離婚を求められたという方から相談を受けた離婚事件がありました。
　電話とメールで何度かやり取りをしているうちに、配偶者が離婚調停を申し立てるようなので代理人になってもらいたいという依頼になりました。しかし、財産分与の対象となる財産についてもすでに詳しい説明を聴いていたところ、依頼者は財産分与について情報をあまり相手方の配偶者に示したくないとの意向を強くお持ちでした（財産形成に対して相手方配偶者の貢献度が少ないという思いを依頼者が持つのもある程度は理解できる事案でした）。
　財産状況を詳しく知ることになった私が代理人として調停期日の場で「知らんぷり」をして説明等を回避することはしたくないと思い、依頼者には私自身の考えを伝えて、代理人としては受任せず、あくまで「後方支援」の法律相談とするのはどうかと提案しました。
　その結果、法律相談による後方支援を行う形になったのですが、子どもの返還、親権の取合い、財産分与に関する財産開示要求への対応、財

産分与の協議方針など、さまざまな事項について相談に応じることとなりました。特に、調停期日の直前や相手方からの連絡等があった場合には、密に打合せをして、相手方や裁判所に対して具体的にどのような対応、発言をするか、相手方の反応をシミュレーションしながら、アドバイスしました。

そのうえで、依頼者は調停期日において「本人」として自身の思うような対応をとることができたようでした。相手方から開示を求められていた財産状況についても、私からの法的なアドバイスを踏まえつつも、依頼者自らが納得できる範囲で、情報の開示を行ったようでした。

その後、調停の最終段階では具体的な調停条項案のアドバイスもして、離婚調停が開始してから短期間で、依頼者として大いに満足できる内容で調停がまとまりました。

意外な「報酬」

弁護士業務としては、相応の量のアドバイスをしましたが、代理人ではなかったので、調停期日に出頭することもなく、相談から最終解決までの時間が短期間であったこともあり、時間的、体力的な負担は比較的軽いものでした。また、法律相談の時間・やり方も、依頼者が私の希望を尊重してくださり、ほとんど電話、メールで行うことができました（依頼者もお忙しい方で面談の日程を調整することが大変だったという事情もあります）。そのため、私自身は比較的軽い業務負担で解決に至ったと感じており、通常の法律相談としての弁護士報酬で必要十分な事件でした。

ところが、最終的な結果に満足されたからでしょうか、依頼者から成功報酬的な意味合いを含めて報酬を支払いたいとの申出をいただきました。このような場合に、成功報酬をいくらと提示するのがよいのか迷ったことから、離婚調停の代理人を引き受ける場合の私の報酬基準を提示して、弁護士報酬の額は依頼者の好きな金額で結構ですとお伝えしまし

た。

　結論としては、（財産分与の処理を除いた）通常の離婚事件の着手金＋成功報酬の額の７割強の金額の打診があり、その金額を弁護士報酬とすることで合意した次第です。

ワンポイントアドバイス

◎　離婚事件の当事者には、本当にいろいろな方がおり、思いもよらない対応をとる人が相手方となる場合もあります。その相手方が弁護士に依頼をしない場合、必然的に本人との間で連絡をし、交渉や調停、訴訟などを進めていかなければならないということになります。

◎　相手方本人と交渉を進める場合、実務では当たり前という論法は通用しません。なぜそのような結論になるのかということを、一から丁寧に説明して納得をしてもらうことを心がける必要があります。

◎　相手方本人から見ると、弁護士は配偶者との仲を引き裂く敵ということになりますから、うまく交渉が進まなかったり、業務妨害となる行動を起こしたりすることもあります。そのようなときは、交渉での解決にこだわらず、早期に調停を申し立てて第三者に間に入ってもらう方がよいでしょう。

◎　しかし、相手方本人が対応する場合、弁護士とは異なり他に同様の事例を扱った経験はありません。そのため、代理人が就いているときよりも有利な条件を引き出すことができる場合もあるため、依頼者の利益のために工夫する余地が大きいともいえるかもしれません。

◎　弁護士が間に入ると、当事者同士で話をする機会がなくなり、むしろ解決までの期間が長引くことが予想されるケースもあります。そのような場合には、相談者自身に「本人対応」をしてもらい、弁護士は裏からアドバイスをするという選択肢もあります。

編集後記

　近時、離婚件数が増加し、結婚した夫婦の３組に１組が離婚するなどといわれ、弁護士にとっては、日常的に相談を受ける頻出事件類型の１つです。

　しかし、このような頻出事件類型であっても、当事者にとっては、離婚は一生に一度あるか否かという重大事件です。

　この認識のギャップは、弁護士にとっては要注意です。

　弁護士の立場からは、仮に相談者の夫婦の関係が典型的なパターンをたどっており、次の展開が容易に予想できる場合であっても、相談者の話を安易に先取りしたり、先読みしたりしてはいけません。そんなことをすれば、途端に、怒りの矛先が弁護士に向かうことになるかもしれません。

　離婚事件には、相応に法的論点が潜んでいますが、全般に事実関係の争いという側面が少なくありません。弁護士であれば、離婚に関し、それほど特殊な専門的知識を有していなくても、ある程度は対応することができる事件類型であるといえるでしょう。しかし、弁護士であれば、誰でも同じような結論を導くことになるかといえば、そんなことはありません。弁護士の活躍によって夫婦間のもつれた糸がほぐれて満足のいく解決に結びつくこともあれば、弁護士の言動が火に油を注ぐこともあ

るでしょう。

　Method 03では弁護士の実務経験の有無に関する体験談を紹介しています。離婚事件において、経験が絶対であるとは考えていませんが、経験が大きくものをいう場面も少なくありません。本書では、必ずしも経験豊富ではない読者の若手弁護士のみなさんが、本書で紹介する先輩弁護士たちの体験談を追体験することができるように、できるかぎりわかりやすく叙述したつもりです。読者のみなさんがこれから直面するであろうさまざまな離婚事件への対応にあたり、本書による追体験が少しでもお役に立つことができれば望外の幸せです。

　また、本書は、平成28年11月に発刊した『こんなところでつまずかない！交通事故事件21のメソッド』のシリーズ続編となります。本書が幸いにして読者のみなさんの好評を得て、さらなるシリーズ続編の発刊に結びつくことを祈念しています。

平成29年1月
編集代表
弁護士　奥　国範

執筆者一覧（五十音順）

編集・執筆

奥　国範　　　　弁護士（54期・東京弁護士会）／奥綜合法律事務所
鈴木信作　　　　弁護士（64期・東京弁護士会）／森法律事務所

執筆

上田貴之　　　　弁護士（67期・東京弁護士会）／古島法律会計事務所
神村大輔　　　　弁護士（57期・東京弁護士会）／鈴木法律事務所
川端克俊　　　　弁護士（59期・東京弁護士会）／弁護士法人 遠藤綜合法律事務所
熊谷吏夏　　　　弁護士（57期・東京弁護士会）／望月・熊谷法律事務所
芝田麻里　　　　弁護士（64期・東京弁護士会）／芝田稔秋法律事務所
瀬川千鶴　　　　弁護士（59期・東京弁護士会）／青南法律事務所
関口慶太　　　　弁護士（63期・東京弁護士会）／関口・梶法律事務所
戸田順也　　　　弁護士（64期・東京弁護士会）／寒河江法律事務所
永野　亮　　　　弁護士（65期・東京弁護士会）／山下・渡辺法律事務所
西村　健　　　　弁護士（62期・東京弁護士会）／堀法律事務所
秀島晶博　　　　弁護士（66期・東京弁護士会）／つばさ法律事務所
堀内ゆか里　　　弁護士（65期・東京弁護士会）／小川敏夫法律事務所
都　行志　　　　弁護士（67期・東京弁護士会）／鳳和虎ノ門法律事務所
山下洋美　　　　弁護士（67期・東京弁護士会）／弁護士法人淡路町ドリーム

・本文中に記載されている製品名、サービス名および作品名は、各社の登録商標、商標、商品名または作品名です。なお、本文中では®、TMなどのマークを省略しています。

サービス・インフォメーション
―――――――――――――――― 通話無料 ――――
①商品に関するご照会・お申込みのご依頼
　　　　TEL 0120(203)694／FAX 0120(302)640
②ご住所・ご名義等各種変更のご連絡
　　　　TEL 0120(203)696／FAX 0120(202)974
③請求・お支払いに関するご照会・ご要望
　　　　TEL 0120(203)695／FAX 0120(202)973

●フリーダイヤル(TEL)の受付時間は、土・日・祝日を除く
　9:00～17:30です。
●FAXは24時間受け付けておりますので、あわせてご利用ください。

こんなところでつまずかない！
離婚事件21のメソッド

平成29年2月15日　初版発行

編　著　東京弁護士会 親和全期会
発行者　田 中 英 弥
発行所　第一法規株式会社
　　　　〒107-8560　東京都港区南青山2-11-17
　　　　ホームページ　http://www.daiichihoki.co.jp/
デザイン　中村圭介・堀内宏臣・清水朔太郎
　　　　（ナカムラグラフ）

離婚事件21　ISBN978-4-474-05684-8　C3032　(6)